MEU FILHO ~~NÃO~~ TEM JEITO!

Copyright© 2022 by Literare Books International
Todos os direitos desta edição são reservados à Literare Books International.

Presidente:
Mauricio Sita

Vice-presidente:
Alessandra Ksenhuck

Diretora executiva:
Julyana Rosa

Diretora de projetos:
Gleide Santos

Capa, diagramação e projeto gráfico:
Gabriel Uchima

Revisão:
Ivani Rezende

Relacionamento com o cliente:
Claudia Pires

Impressão:
Gráfica Paym

Dados Internacionais de Catalogação na Publicação (CIP)
(eDOC BRASIL, Belo Horizonte/MG)

B451m	Belmiro, Marcia. 　　　Meu filho tem jeito / Marcia Belmiro, Ana Clara Werneck. – São Paulo, SP: Literare Books International, 2022. 　　　ISBN 978-65-5922-313-8 　　　1. Literatura de não-ficção. 2. Pais e filhos. 3. Crianças – Educação. I. Werneck, Ana Clara. II. Título. 　　　　　　　　　　　　　　　　　　　　　　　CDD 649.1

Elaborado por Maurício Amormino Júnior – CRB6/2422

Literare Books International.
Rua Antônio Augusto Covello, 472 – Vila Mariana – São Paulo, SP.
CEP 01550-060
Fone: +55 (0**11) 2659-0968
site: www.literarebooks.com.br
e-mail: literare@literarebooks.com.br

Prefácio

Queria falar contigo hoje sobre dois princípios fundamentais para qualquer um que queira criar filhos fora da média. E o primeiro conceito é justamente esse, o que é ser a média e o que é ser fora da média.

No livro *O milagre da manhã*, foi revelada uma pesquisa perturbadora. Um grupo de pessoas foi acompanhado durante os seus 40 anos de vida profissional. Ao final, a pesquisa constatou que, a cada 100 pessoas, 95 ou tinham morrido, ou precisavam continuar trabalhando (não porque queriam, mas por que precisavam), ou dependiam da ajuda de um parente ou do governo para sobreviver.

Apenas 4 em cada 100 pessoas conseguiam se manter de forma independente na terceira idade e somente uma única tinha liberdade financeira para realmente "curtir a aposentadoria".

É triste dizer isso, mas neste caso ser a maioria mostra um futuro nada atrativo. Não sei você, mas eu não quero na minha aposentadoria estar morto, dependendo de governo ou outras pessoas para sobreviver e, acho que você vai concordar, também não queremos isso para nossos filhos.

O segundo princípio fundamental tem relação direta com uma frase que provavelmente você já ouviu em algum lugar, que é a pergunta de que mundo nós deixaremos para nossos filhos. Entretanto, existe uma outra forma de ver essa mesma questão, uma forma que foi repetida recentemente por Mário Sergio Cortella, um dos melhores filósofos brasileiros da atualidade. Ele afirmou que "o mundo que vamos deixar para os nossos filhos depende dos filhos que vamos deixar para o nosso mundo".

É um fato que o mundo em que vivemos hoje é fruto das decisões tomadas pelas gerações anteriores, e o mundo que existirá num futuro próximo será reflexo das decisões da nossa e das próximas gerações. Ou seja, como pai e ser humano que sou, isso fez todo sentido para mim e confesso que quero muito que o mundo se torne um lugar cada vez melhor para se viver.

A maioria de nós foi treinada por pessoas que não tinham e nem nunca conseguiram sair daquela assustadora média que já mencionei. Ou seja, em muitas famílias o ciclo vem se repetindo há algumas gerações.

É justamente por isso que temos a divina e desafiadora responsabilidade de quebrar esse padrão primeiro em nós e depois treinando nossos filhos e a próxima geração de forma que eles não reproduzam os erros das gerações anteriores. Se não, as chances de nós e eles acabarem colhendo os mesmos resultados é enorme.

A boa notícia é que podemos quebrar essa estatística e você já está dando um primeiro grande passo nessa direção, que é justamente a decisão de ler este livro que está agora em suas mãos, um conteúdo com conceitos e ensinamentos claros e verdadeiramente práticos, que tem potencial de mudar profundamente a sua vida e a dos seus filhos.

Enquanto escrevo aqui para você, a Paty, minha esposa, está preparando o café da manhã e literalmente agora ela me viu aqui digitando e me disse: "Que incrível, meu lindo, você aí escrevendo o prefácio do livro da Marcia, uma pessoa que foi tão fundamental na sua trajetória."

Bom, primeiro preciso destacar que a expressão "meu lindo" representa o gosto dela e certamente está longe de ser uma unanimidade. Segundo, preciso concordar com ela sobre a honra de escrever o prefácio deste livro. A Marcia foi a primeira pessoa que abriu as cortinas do mundo do coaching e do desenvolvimento pessoal para mim, minha vida nunca mais foi a mesma depois de ter sido treinado por ela.

Eu espero sinceramente que você siga na leitura deste livro, para que ao final dele você tenha os recursos necessários para criar filhos verdadeiramente fora da média, para que eles tenham uma vida abundante, farta e que possam contribuir substancialmente para fazer do mundo um lugar melhor.

Para terminar, vou fazer uma previsão de futuro. Se você topar seguir adiante na leitura deste livro, estou convencido de que além de ser uma pessoa melhor, além de se tornar um pai, uma mãe ou um educador melhor, você provavelmente passará a fazer parte de uma lista de pessoas muito especial, uma lista da qual eu já faço parte: a lista das pessoas que tiveram suas vidas tocadas e que hoje são gratas pela existência da Marcia Belmiro.

Boa leitura, um abraço apertado e vamooooooooo!

Geronimo Theml

Introdução

Felicidade é a palavra com que quero iniciar este livro.

Há 38 anos nasceu minha primeira filha, Ana Clara, fruto de uma gestação muito desejada. Sua pele muito alva e cabelos clarinhos definiram o nome Clara. Muito cedo falou, as palavras brotavam no seu crescente vocabulário com extrema facilidade, antes dos 5 escrevia e até poema arriscou aos 6 anos. Hoje essa filha transforma em textos claros, bem pontuados, com extremo cuidado e respeito a nossa caprichosa língua portuguesa, a profusão de ideias que povoam minha mente cognitiva e emocional sobre os temas família, infância, educação e desenvolvimento humano.

Este livro é a reunião seletiva dentre mais de 500 artigos que fomos disponibilizando durante os últimos 4 anos no Blog do ICIJ – Instituto de Crescimento Infantojuvenil (https://institutoinfantojuvenil.com.br/blog/). O mais bacana é que cada artigo que foi criado e depois revisado para constituir este volume foi concebido em meio a muito debate entre nós duas. A essa altura Ana Clara, vivendo a intrigante experiência da maternidade, berrava e derramava suas naturais dificuldades práticas que enchem o dia (e muitas vezes a noite) de uma jovem mãe.

Esses debates eram incríveis, e quem nos assistia tinha a impressão de que estávamos a discutir porque sua prática de mãe estreante fazia, muitas vezes, contraponto veemente às minhas visões e entendimentos ora teóricos, ora resultantes de quem já criou três filhos e que acompanhou número incontável de crianças e pais no consultório de psicologia clínica e nas inúmeras escolas por onde lecionei e fiz a orientação psicopedagógica.

Na verdade, cada artigo nos proporcionou mais do que um debate conceitual, nos permitiu redimensionar nossa relação de mãe e filha, revisitar experiências mútuas, em alguns momentos abrir minha percepção e, em outros, ajudá-la no encontro de soluções para tudo que estava vivendo com os filhos gêmeos, hoje com 6 anos, com que foi agraciada.

Ao escrever os artigos, pudemos nos reescrever, algumas vezes nos perdoar, e principalmente, conseguimos somar ideias, entendimentos e percepções de gerações diferentes sobre temas decisórios na constituição das próximas gerações.

Foi o propósito que desde sempre acalanta meu coração, de contribuir com informações relevantes para a reconexão de famílias e restauração das escolas, que instigou nós duas a selecionar pesquisas sérias e dados estatísticos confiáveis que permeiam este livro. E foi o mesmo propósito que nos levou a escolher temas delicados, por vezes polêmicos, e a discorrer sobre eles com naturalidade e simplicidade para ajudar você que é mãe, pai, avô, avó, professor, psicólogo, pediatra e profissional que lida com infância e adolescência no seu dia a dia.

Em síntese, posso dizer com enorme felicidade que este livro foi criado pela minha família para ajudar a sua família.

Boa leitura!

Sumário

OS PAIS E OS FILHOS...........11

Cinco frases comuns que não devem ser ditas a uma criança 13

É possível encontrar o meio-termo entre a permissividade
e o autoritarismo? 15

Como a superproteção interfere na formação da criança? 18

Meu filho pega coisas que não são dele, o que fazer?......................... 22

Cinco motivos para brincar com os filhos.............................. 24

Como saber se seu filho está sofrendo *bullying*?........................ 27

Cinco sinais de que seu filho pratica *bullying*.......................... 30

É possível estabelecer uma rotina para as crianças?..................... 33

Como melhorar a alimentação das
crianças com harmonia e sem brigas 35

A importância de dizer não a seu filho 37

"Pergunta pro seu pai", "pergunta pra sua mãe" 39

É normal criança ter medo de escuro?...................... 42

Objeto transicional: o que é e para que serve?...................... 44

O que as crianças pensam no cantinho do pensamento? 47

Criança saudável: o que funciona e o que não funciona? 51

Terrible two: o que fazer com a birra dos 2 anos........................ 56

A criança de 3 anos, ou *threenager* 59

Criança difícil ou que sabe se posicionar? 62

Meu filho não quer tomar banho, e agora?...................... 64

Como falar sobre morte com as crianças?...................... 67

Como ajudar a criança que perdeu um ente querido?............................69

Relacionamentos abusivos entre pais e filhos 72

Os avós estragam meus filhos, o que fazer?............................75

Cinco mitos na criação de filhos 78

Existe filho favorito? Vamos falar sobre esse tabu............................80

Seus filhos brigam o tempo todo? 83

Meu filho tem poucos amigos, o que fazer?............................86

Como incentivar a gratidão nos filhos? 89

"Meus filhos não dormem cedo!"............................92

"Meu filho se cobra demais, o que fazer?" 97

Meu filho pequeno ainda não fala, devo me preocupar?............................100

Quais são as consequências quando
os pais brigam na frente dos filhos?............................103

Como lidar com a criança que quer tudo o que vê?............................105

Seu filho só come com o celular na mão? 108

Oito "neuras" dos pais 112

Quando os pais se separam, como auxiliar os filhos? 118

"Meu filho não é como os irmãos" 121

Punições e recompensas: dois lados da mesma moeda............................123

Por que ensinar consentimento às crianças? 126

A FAMÍLIA E A SOCIEDADE 129

Nossas crianças estão mesmo mais hiperativas? 131

Um tapinha dói: palmada não educa,
gera traumas e faz perpetuar o ciclo de violência 134

A autonomia como caminho............................137

Depressão na infância: vamos falar sobre este assunto............................140

Como os pais podem ajudar os filhos nos desafios atuais? 143

Menino brinca de boneca, menina brinca de carrinho?........................... 146

Machismo infantil existe, e precisa ser discutido 148

Criar filhos com gentileza no "mundo cão" dá certo?.......................... 151

A importância do brincar livre na primeira infância................................ 153

Como lidar com os palpites na criação dos filhos................................. 156

Crianças e a síndrome do imperador 159

As crianças de hoje não sabem esperar! 161

Cinco perguntas de criança e como respondê-las 164

OS PAIS CONSIGO MESMOS 167

Voltar ao trabalho após o parto: escolha ou necessidade?.................... 169

A síndrome da péssima mãe 171

Início das aulas e adaptação materna.................................... 174

Desromantização da maternidade 177

Casamento em crise pós-filhos, o que fazer?................................ 180

"Antigamente era mais fácil ser mãe!" Será?................................ 183

"Sou a pior mãe do mundo".. 186

Não tenho vontade de brincar com meus filhos 188

O luto da mulher que se torna mãe.. 191

OS PAIS E OS FILHOS

Cinco frases comuns que não devem ser ditas a uma criança

"Você só faz besteira" (e variantes como "você não vai conseguir"; "você é desastrado")

Esse tipo de frase, especialmente quando é dita pelos cuidadores principais (em geral, mães e pais) tem um peso enorme. A criança necessita da validação externa para criar sua autoimagem. Os adultos, ao dizerem coisas assim, demonstram que dão mais atenção às atitudes erradas do que às certas. Como a criança busca atenção continuamente, pode acreditar que qualquer atenção é melhor que atenção nenhuma e passar a agir mal de propósito.

Quando seu filho derrubar algo, que tal dizer: "Tudo bem, vamos limpar a sujeira juntos. Da próxima vez tenho certeza de que você pode levar seu copo até a mesa sem acidentes."

"Por que você não é responsável como seu irmão?"

Ao dizer isso, o adulto não atinge o objetivo de estimular o filho a se esforçar para ser melhor. Ao contrário, a frase causa ciúme, inveja e sentimento de inadequação. Adele Faber e Elaine Mazlish, autoras de *Irmãos sem rivalidade*, chamam a atenção para outro aspecto: os prejuízos causados pelos rótulos.

"Sentir que o irmão é o preferido dos pais gera raiva e dor, que muitas vezes se prolongam pelo resto da vida. Ser alvo de comparações na esfera familiar traz mágoas e pode fazer com que a pessoa seja constantemente associada a um papel fixo. Livrar-se desse rótulo requer muito esforço."

Elas vão além, e afirmam que qualquer rótulo é ruim (mesmo que seja "elogioso", como "você é bonzinho", "você não me dá trabalho nenhum").

"Não chore" (e variantes como: "isso não tem importância"; "não é para tanto"; "chorando assim você parece um bebê")

Quando a criança se chateia "sem motivo" (isto é, quando os adultos não compreendem o motivo), os pais têm tendência a dizer esse tipo de frase com o intuito de acalmar o filho. No entanto, o resultado é que isso confunde a criança, fazendo-a pensar que o que sente não é real.

"Se não comer tudo, vai ficar sem sobremesa"

É normal que os pais se preocupem com a alimentação dos filhos, pois, em última análise, se trata da sobrevivência da criança. No entanto, a obrigatoriedade de "raspar o prato" ensina à criança que sua autorregulação de saciedade é falha. E mais: que a refeição é a parte ruim, o obstáculo a ser enfrentado para chegar à recompensa (a sobremesa).

Uma opção é substituir esta frase por: "Entendo que você queira comer doce, mas em nossa casa a alimentação segue uma ordem, e a refeição vem antes da sobremesa".

"Na sua idade, eu..." (ou "no meu tempo...")

Sabe aquela história de que tudo passa? Pois bem, seu tempo de criança já passou. Talvez por isso você tenha esquecido que naquela época os alunos obedeciam aos professores, mas que estes aplicavam castigos físicos para obter "respeito". Os tempos hoje são outros, e seu filho não é você. Usar a própria régua para medir o outro invariavelmente gera frustração em ambas as partes.

É possível encontrar o meio-termo entre a permissividade e o autoritarismo?

Muitos pais e mães se sentem numa eterna "corda bamba" entre a condescendência excessiva e a intransigência total na relação com os filhos. Em primeiro lugar, é importante esclarecer que a autoridade da família é função do adulto. Essa autoridade, no entanto, não é arbitrária nem significa que deva haver uma relação de imposição dos pais sobre os filhos.

Quer dizer apenas que o adulto tem prontidão neurofisiológica, devido ao pleno desenvolvimento do neocórtex, para definir os princípios e valores a serem seguidos pelo sistema familiar e, assim, torna-se capaz de expor os limites nas relações familiares e nas relações dos membros desse sistema com o ambiente externo. A criança é convidada a se envolver no processo, na medida de sua prontidão psicológica e maturação cognitiva.

A partir daí, propomos alguns balizadores (não são dicas, tampouco regras), para auxiliar você a encontrar seu estilo próprio de educar com respeito, propiciando entendimento e conexão em seu ambiente familiar.

1. Defina combinados de comum acordo.

- Confie em seu filho; apesar da pouca idade, acredite, ele é capaz de dar sugestões viáveis para as questões do dia a dia.

- Exponha a situação difícil que esteja acontecendo (ex.: "Na hora do banho você diz que já vai, mas continua brincando.").

- Faça perguntas sobre COMO isso poderá ser resolvido da próxima vez.

- Aguarde as respostas da criança (repare que não está em questão tomar ou não tomar banho, mas COMO será esse banho – daqui a 10 minutos; com os bonecos; quando terminar a partida do jogo).

- Nesse *brainstorming*, anote todas as ideias que surgirem.

- Definam juntos o que realmente será feito, então.

- Anotem os combinados que foram decididos em conjunto.

- Importante: quando a criança participa da solução, sua adesão é muito maior.

- Os combinados estabelecidos na família devem ser seguidos por todos. Ou seja, não adianta dizer que é preciso cuidar da casa quando os adultos deixam tudo bagunçado. A criança não aprende pelas palavras, mas pelo exemplo.

2. O limite, quando dado, deve ter fundamento e lógica.

- Vale a pena pensar: "Estou dizendo 'não' por que isso realmente importa ou por outro motivo qualquer?" O não desnecessário fica descaracterizado, sem sentido, o que confunde a criança.

- Se há clareza sobre a motivação do não, ele deve ser mantido, independentemente da insistência da criança.

3. Depois de uma situação de conflito ocasionada por um limite necessário, é preciso voltar ao assunto com a criança.

- Como diz a educadora parental Elisama Santos, em seu livro *Educação não violenta*, "não se ensina a nadar a quem está se afogando", isto é, só quando o momento de estresse já passou é possível para a criança entender verdadeiramente as causas do que aconteceu.

4. Não é porque a criança compreendeu o limite dado que aquela situação nunca mais vai acontecer.

- Pelo contrário, o mais provável é que seja necessário repetir muitas vezes os mesmos combinados feitos anteriormente. Isso não quer dizer que a criança esteja querendo irritar os pais ou testá-los, apenas que a criança ainda não possui critérios claros e definidos devido ao neocórtex, que ainda está em processo de desenvolvimento, o que de certa forma interfere na consolidação da memória.

- "Ele [o neocórtex] é uma das últimas partes do cérebro a se desenvolver, e permanece em constante construção durante os primeiros anos da vida", dizem Daniel Siegel e Tina Payne Bryson, no livro *O cérebro da criança*.

- Para ajudar a criança a lembrar dos combinados, escolha uma palavra-chave (como "sapatos" quando for preciso botar os calçados e sair, "dentes" para a hora de escová-los etc.).

5. O limite é importante, mas pode ser dado de maneira lúdica.

- Elisama Santos analisa: "Filhos são um chamado para sermos mais divertidos, criativos e alegres." Como exemplo, a voz nervosa e irritada poderia ser substituída por uma voz imitando robô – ou dinossauro, ou personagem de desenho animado, o que for do interesse da criança.

Como a superproteção interfere na formação da criança?

É comum que pais e mães tenham dúvidas sobre a prontidão da criança para tomar decisões (pequenas e grandes), para compreender situações difíceis e até para fazer atividades – desde ajudar na arrumação da casa a passar o fim de semana num acampamento com outras crianças, ainda que sob os cuidados de adultos. Sem saber como agir, às vezes a solução encontrada é proteger a criança visando garantir sua segurança.

A questão é que, dependendo da dose, esse cuidado pode se transformar em superproteção. Nesse caso, o que era remédio vira veneno e prejudica o desenvolvimento saudável do pequeno.

Às vezes os pais superprotegem para evitar que os filhos passem por situações traumáticas e dolorosas sofridas por eles na infância, como por exemplo *bullying* e violência, quando, na verdade, a melhor contribuição que o adulto pode dar é alertar as crianças sobre os possíveis perigos, dar suporte emocional nos momentos difíceis, mas principalmente permitir que vivam as próprias experiências e, a partir daí, construam seu aprendizado.

D. W. Winnicott cunhou o termo "gesto espontâneo" relacionado ao impulso pessoal, ao "verdadeiro self em ação" do indivíduo, presente desde a fase de bebê. Quando os pais não dão espaço ao gesto espontâneo, condicionando o filho à aprovação do adulto, extinguem a possibilidade da experimentação da dor, dos próprios limites, mas também da alegria, de descobrir suas potências e comemorar suas conquistas.

Em uma pesquisa[*] realizada na Universidade de Minnesota, nos Estados Unidos, provou-se que crianças com pais controladores enfrentam maior dificuldade em se desenvolver no meio social e escolar. Segundo Nicole B. Perry, PhD e principal autora do estudo, toda criança precisa aprender a administrar suas emoções e seu comportamento, e a fiscalização excessiva dos pais limita esse crescimento.

Os pesquisadores acompanharam 422 crianças no período de oito anos, quando elas tinham 2, 5 e 10 anos de idade. O processo consistiu em monitorar o comportamento dos pequenos diante de atividades rotineiras como brincar, limpar os brinquedos, fazer os deveres etc. A interação dos pais com os filhos, simulando como todos fariam se estivessem em casa, também foi observada e avaliada, assim como o feedback regular dos professores a respeito do desempenho e da realização de ações em sala de aula.

Perry e sua equipe descobriram que as crianças controladas excessivamente pelos pais aos 2 anos de idade tiveram a regulação emocional prejudicada quando chegaram aos 5. Já as crianças de 5 anos com maior autorregulação emocional tiveram menos probabilidade de ter problemas emocionais, desenvolveram melhor as habilidades sociais e apresentaram menos dificuldades de aprendizado aos 10.

"Nossas descobertas ressaltam a importância de educar os pais, muitas vezes bem-intencionados, sobre o apoio à autonomia das crianças para lidar com os desafios emocionais", afirma Nicole B. Perry.

Como os pais podem auxiliar os filhos no processo de desenvolvimento saudável?

---

[*] "How 'Helicopter' Parenting Impedes a Child's Development". Disponível em: https://seasonsmedical.com/news/how-helicopter-parenting-impedes-a-childs-development/

Não há um manual, mas existem padrões e critérios que auxiliam nesse processo, de modo que os pais entendam a importância de incentivar a autonomia na infância, dentro da maturidade própria a cada idade. As crianças podem e devem ser estimuladas a desenvolver atividades que vão contribuir para seu desenvolvimento emocional, social e cognitivo em prol da construção da própria independência futura.

Você que é mãe, pai ou cuidador não precisa se sentir só e perdido nessa jornada porque existem técnicas e ferramentas que podem auxiliar os pequenos nesse processo e orientar você a ter uma abordagem diferente; que geram conexão entre pais e filhos, efeitos positivos na rotina familiar e auxiliam as crianças a compreender as situações da vida com responsabilidade, equilíbrio emocional e cuidado consigo.

Autonomia no dia a dia

Veja, a seguir, atividades domésticas que as crianças são capazes de fazer, de acordo com cada idade:

2 - 3 anos:
- Organizar os brinquedos;
- Colocar a roupa suja no cesto;
- Levar o prato até a pia.

4 - 5 anos:
- Arrumar a cama;
- Ajudar a guardar parte da louça;
- Regar as plantas;

- Separar o lixo reciclável;
- Guardar alimentos no armário.

6 - 8 anos:

- lavar e secar a louça;
- passar aspirador;
- preparar lanches fáceis;
- arrumar a mesa;
- ajudar a pendurar a roupa no varal;
- ajudar a cuidar dos animais de estimação;
- fazer os exercícios e tarefas escolares;
- dobrar e guardar roupas.

9 - 10 anos:

- Ajudar no preparo das refeições;
- Varrer o chão;
- Lavar o quintal;
- Colocar a roupa na máquina de lavar.

Meu filho pega coisas que não são dele, o que fazer?

Uma canetinha diferente apareceu na mochila do filho. Os pais, alarmados, já pensam em mil coisas ao mesmo tempo: "será que isso já aconteceu outras vezes e não percebemos?", "o que significa?", "devemos dar uma bronca e deixar de castigo?", "é preciso buscar a ajuda de um psicólogo?", e o pior dos pensamentos: "meu filho é um ladrão?".

"Até os 4-5 anos, a criança ainda não tem a noção clara de bem e mal, portanto não há essa percepção de furto. Nessa fase, a criança pode pegar o que não é seu porque gosta de determinado objeto e quer tê-lo para si, simplesmente. Nesse caso não há razão para se preocupar. Mas os pais não devem ser indiferentes ao fato, tampouco tratá-lo com demasiada severidade. É importante conversar com a criança, explicando que as pessoas se sentem tristes quando ficam sem algo de que gostam. Além disso, incentivá-la a devolver o objeto e pedir desculpas", orienta a psicóloga Adriana Campos.

Depois da primeira infância, quando já passou a fase de egocentrismo natural, as crianças podem ter esse tipo de comportamento já sabendo que se trata de algo errado, mas, como pequenos cientistas da vida cotidiana que são, é possível que queiram testar o que acontece como consequência. Outra hipótese é que este seja um pedido (inconsciente) de limite por parte dos pais.

Quando é um problema?

Uma minoria dos casos pode ser, sim, preocupante. Estima-se que entre a população adulta a prevalência de cleptomaníacos seja de 5%, e os casos entre crianças são ainda mais raros. No entanto, os pais precisam sempre estar atentos aos sinais de que há algo errado.

No artigo "Cleptomania: quem roubou o meu afeto"[*], Otacílio José Ribeiro discute a cleptomania infantil. O psicanalista cita Winnicott ao afirmar que "a criança que rouba algo não deseja o objeto roubado, e sim a mãe sobre a qual acredita ter direito". Ele explica que a cleptomania é designada como roubo impulsivo:

"Para a psicanálise, esse é um mecanismo de autocompensação de origem psíquica, que pode começar na infância, no momento em que o indivíduo se percebe em um contexto de falta de afeto, que acaba gerando uma ansiedade desenfreada, culminando no desencadeamento da situação patológica, na qual prefere ser punido a ser ignorado."

Independentemente da situação, saiba que a punição é uma medida ineficaz. Castigos ou humilhações (especialmente públicas) não promovem entendimento nem mudança de comportamento. Pelo contrário, quando os pais agem dessa forma a criança pode "carregar" isso até a idade adulta como uma questão não resolvida.

Ao perceberem que o filho pegou algo escondido de alguém, é importante conversar com ele e tentar entender qual necessidade de afeto não atendida motivou a ação. De modo geral, isso faz com que tal comportamento não tenha mais necessidade de ser repetido. Caso não resolva, o ideal é buscar ajuda especializada com um psicólogo infantil.

---

[*] "Cleptomania: quem roubou o meu afeto". Disponível em: http://pepsic.bvsalud.org/scielo.php?script=sci_arttext&pid=S0102-73952016000200005

Cinco motivos para brincar com os filhos

Momentos em família são oportunidades de conexão e auxiliam de diversas formas a crianças e adultos.

Confira, a seguir, cinco motivos para brincar com as crianças (mais três bônus certeiros):

1. Brincar produz aumento da ocitocina, da endorfina e da dopamina.

A ocitocina é o "hormônio do amor", e sua liberação cria um ambiente de conexão profunda (é ela a responsável pelas contrações do parto e pela ejeção de leite durante a amamentação). A endorfina gera sensação de bem-estar e melhora o humor (é associada à prática de atividades físicas) e a dopamina, relacionada a atividades com propósito verdadeiro, é uma das principais fontes de prazer nos seres humanos.

Esses hormônios são ativados em crianças e adultos enquanto estão brincando de verdade. Ou seja, para que isso aconteça é necessário entrega e genuína participação de ambas as partes (não adianta ficar apenas "de corpo presente").

2. Na brincadeira em família, a construção das regras auxilia na socialização.

Além disso, é um estímulo à interação entre pessoas e à convivência harmoniosa. Aqui mais uma vez o benefício é para todos, sobretudo para os indivíduos com estilo de comportamento reservado e tímido, porque na interação eles conseguem expor a si mesmos, seus pontos de vista e sentimentos.

3. A brincadeira é a atividade básica da criança.

É nela que os pequenos elaboram suas questões, organizam o raciocínio e fazem a junção de conhecimentos de fontes diferentes, gerando aprendizado – que pode ser usado em diversas esferas da vida, inclusive na idade adulta (habilidade de resolver problemas e de negociação, só para citar alguns exemplos).

4. Auxilia a transicionalidade da criança.

Winnicott postulou que brincar é o fenômeno transicional dos pequenos. Para este estudioso, objeto transicional é aquele que tem caráter de intermediação, que gera um elo entre o mundo interno e externo da criança. Na prática, funciona assim: ao pegar um brinquedo – que é concreto –, quem brinca coloca ali algo de subjetivo, de seu. Isso auxilia a criança a sair do egocentrismo (natural do início da vida) e a caminhar em direção a seu amadurecimento.

5. Estímulo à criatividade.

De acordo com a Cepal (Comissão Econômica para a América Latina e Caribe), 65% das crianças de hoje terão empregos que ainda não existem. Assim, o exercício de construção do mundo de "faz de conta", quando aprendido na infância e usado por toda a vida, se torna cada vez mais essencial.

- **Bônus 1:** se você não estiver com vontade de brincar, não precisa se forçar. A brincadeira é para ser interessante para a criança, também para o adulto. Se agora não é a melhor hora, deixe para depois, sem culpa.

- **Bônus 2:** não sabe do que brincar? Que tal ensinar a seu filho as brincadeiras preferidas de sua infância? As melhores brincadeiras não envelhecem e agradam a todas as idades.

- **Bônus 3:** não tem tempo? Que tal ter uma atitude brincante nas tarefas do dia a dia? Cortar o sanduíche do lanche em formato de flor, falar com a voz do personagem preferido da criança, promover uma corrida até a portaria do prédio na hora de ir para a escola. Qualquer ambiente é propício ao brincar espontâneo.

Como saber se seu filho está sofrendo *bullying*?

De acordo com estudo da Organização para a Cooperação e Desenvolvimento Econômico (OCDE) realizado com 48 países, a incidência de *bullying* no Brasil é duas vezes maior que a média internacional.

Na Pesquisa Internacional sobre Ensino e Aprendizagem 2018 (Talis, na sigla em inglês), 28% dos diretores de escolas brasileiras do ensino fundamental responderam que a prática ocorre semanalmente ou diariamente nas instituições (a média mundial é de 14%). A questão é tão grave que, no país, o 7 de abril foi definido como Dia Nacional de Combate ao *Bullying* e à Violência na Escola.

Recentemente, pesquisadores das universidades de Lancaster, no Reino Unido, de Wollongong e de Sydney, na Austrália, publicaram um estudo que acompanhou jovens durante mais de uma década. Eles concluíram que o *bullying* durante a adolescência causa traumas que perduram até a idade adulta.

As vítimas tinham 40% mais chances de sofrer de algum distúrbio mental dez anos depois, e eram 35% mais propensas ao desemprego. Aqueles que sofreram intimidação ou discriminação de forma persistente ou violenta tiveram as piores consequências na vida adulta.

Bullying virtual

O *cyberbullying* – definido pela ONG SaferNet Brasil como "ato de insultar, humilhar e praticar violência psicológica repetitiva e persistente, provocando intimidação e constrangimento de crianças e adolescentes por meio da internet ou dos dispositivos móveis" – também preocupa no país.

De acordo com uma pesquisa* feita pelo Unicef em 2019 com jovens de 30 países, o Brasil tem o maior número de estudantes que declaram já ter faltado à escola após ter sofrido *bullying on-line* de colegas de classe (36%). Uma porcentagem semelhante dos entrevistados em nosso país (37%) afirma que foi vítima de *cyberbullying*. De acordo com os brasileiros, as redes sociais são apontadas como o espaço *on-line* em que mais ocorrem casos de violência entre jovens, sendo o Facebook a principal delas.

Sinais de que algo não vai bem

Em geral, quando o jovem está sofrendo *bullying* ou *cyberbullying* o comportamento dele muda. Se de repente seu filho parece constantemente triste, amuado, introspectivo, sem vontade de ir à escola ou fazer atividades que sempre lhe trouxeram prazer, é hora de acender o sinal de alerta. Há casos em que a criança ou o adolescente chega a ponto de somatizar a tristeza e adoecer fisicamente.

Pode ser difícil falar com os pais ou professores sobre essa questão, há o medo de levar bronca ou de se mostrar vulnerável aos olhos dos adultos de quem o jovem deseja aprovação.

Para abrir caminho para uma conversa franca, algumas abordagens são úteis. Confira exemplos de conversas que os pais podem conduzir:

---

* "Pesquisa do UNICEF: Mais de um terço dos jovens em 30 países relatam ser vítimas de *bullying* online". Disponível em: https://www.unicef.org/brazil/comunicados-de-imprensa/mais-de-um-terco-dos-jovens-em-30-paises-relatam-ser-vitimas-bullying-online

- "Estamos aqui, sempre prontos a ouvir, caso alguém machuque ou ameace você."

- "Hoje você teve algum sentimento diferente? Qual foi? Conte para mim."

- "Se você pudesse cantar uma música agora para dizer o que está sentindo, qual seria? Por quê?"

- "Qual foi a melhor coisa que aconteceu hoje na escola? E a pior?"

Cinco sinais de que seu filho pratica *bullying*

Longe de ser um ato de crianças sem maiores consequências, o *bullying* vem ganhando espaço nas políticas públicas e em pesquisas científicas. No Brasil, desde 2015 uma lei obriga escolas e clubes a adotarem medidas de prevenção e combate a essa prática.

Um estudo publicado na revista científica *Lancet Psychiatry* afirma que sofrer *bullying* dos colegas na infância pode causar mais sofrimento e danos na saúde mental das vítimas do que maus-tratos vindos dos adultos.

Muito se fala sobre como reconhecer quando a criança é vítima de humilhações e discriminação sistemática, mas neste artigo vamos orientar os pais a perceberem quando seu filho é quem pratica o *bullying*.

Veja, a seguir, alguns comportamentos da criança que devem chamar a atenção dos pais:

1. Faz com frequência comentários agressivos ou depreciativos sobre os colegas. Ex.: "Não falo com fulano porque ele é burro (ou feio, ou pobre)";

2. Nas interações com outras crianças, as subjuga, impondo brincadeiras em que os demais sempre têm papéis de inferioridade. Ex.: "Eu sou o rei e você é o cavalo";

3. Usa barganhas e chantagens para conseguir o que deseja. Ex.: "Só faço isso se você…", "Se você não fizer tal coisa, então eu…";

4. Tem comportamentos de baixa autoconfiança mascarada por excesso de autossuficiência. Ex.: "Eu sei tudo", "Não precisa me explicar isso";

5. Relata ser perseguido pelos professores, manipulando situações a seu favor.

É impossível garantir que determinados comportamentos sejam relacionados à prática de *bullying*, mas esses são indicadores de que é preciso atenção dos pais. Caso você perceba em seu filho sinais de que algo não vai bem, converse francamente com ele, fazendo boas perguntas.

Confira algumas sugestões de como introduzir o assunto, tiradas do livro *Como criar crianças gentis (e ter uma família mais feliz)*:

- Que tipo de comportamentos você tem presenciado na escola?

- Como os alunos tratam uns aos outros?

- O que cada um de nós pode fazer para demonstrar respeito quando discordamos de alguém?

É importante lembrar que quem pratica *bullying* não é "do mal" ou que este é um caminho sem volta. Em geral, são comportamentos que a criança encontra para se relacionar com os outros, mas de uma forma disfuncional, desajustada, inadequada.

Isso não significa que os pais podem minimizar a situação, agindo como se estivesse tudo bem, mas sim ajudando o filho a perceber os danos que está causando nos colegas e definir junto com ele de que forma pode repar*-*los (ex.: pedindo desculpas sinceramente, conscientizando os outros que praticam *bullying* sobre sua conduta errada, pedindo ajuda da escola para conduzir a questão institucionalmente) – o que é bem diferente de usar medidas punitivas, como castigos e retirada de direitos, que podem gerar ainda mais revolta e contribuir para a manutenção do quadro.

É possível estabelecer uma rotina para as crianças?

"Todo dia ela faz tudo sempre igual", cantava Chico Buarque. Na música ou nas conversas cotidianas, a rotina geralmente é encarada como algo ruim, desgastante. Mas a ciência vem mostrando que, ao contrário, costumes relacionados a hábitos positivos podem colaborar para o crescimento saudável das crianças.

Por exemplo: pesquisadores da Universidade de Queensland, na Austrália, provaram que as crianças com uma rotina de sono desajustada na primeira infância tinham maior tendência a apresentar dificuldades acadêmicas. A neurologista Rosana Cardoso Alves explica: "O sono insuficiente pode, sim, levar à alteração de memória, que compromete, mais tarde, o rendimento na escola."

Os hábitos organizam o pensamento da criança, na medida em que poupam esforço e economizam energia que será usada para criar, brincar e estudar. Mesmo quando ainda é pequena e não sabe ver as horas, ela já é capaz de saber que ao acordar deve lavar o rosto, depois do almoço é a hora do cochilo e, ao anoitecer, vai se preparar para dormir.

Quando a rotina traz malefícios

Por outro lado, a rotina excessiva gera sentimento de prisão na criança, ocasionando ansiedade pela falta de protagonismo na própria vida. Por exemplo: se todos os dias você leva duas horas para fazer seu filho dormir, talvez ir se deitar mais tarde seja mais adequado para ele. Se ele fica cansado depois da aula, pode ser que precise de um cochilo antes de começar a fazer as tarefas de casa.

Encontrar o meio-termo não é fácil, mas é possível contar com o senso de colaboração da criança para que, juntos, vocês possam criar regras e combinados que funcionem para a sua realidade.

Como melhorar a alimentação das crianças com harmonia e sem brigas

O cheiro é delicioso, resultado de horas na cozinha, cinco cores no prato!

"Filho, vem almoçar. Temos hora pra sair."

"Ah, cenoura de novo?"

"Ontem tinha espinafre, mas você disse que só gostava de cenoura."

"Isso foi ontem. Hoje não gosto mais."

"Tem que comer tudo pra ter saúde e ficar forte. Se não raspar o prato, não pode comer sobremesa."

"Ah, odeio essa comida!"

"Não pode desperdiçar, tem criança que passa fome por aí."

Essa situação é familiar a muitos pais e cuidadores. Olhando esse quadro, propomos alguns questionamentos:

- Como fica seu estado de ânimo quando esses embates acontecem?
- Esse tipo de abordagem é efetivo para acabar com o comportamento indesejado da criança?
- De que maneira isso interfere no seu relacionamento com ela?
- O que você poderia fazer de diferente para obter uma mudança real nessa questão?

Provavelmente você já descobriu que não é possível mudar o comportamento de outra pessoa à força. Que tal, então, mudar a estratégia?

A neurociência pode nos ajudar aqui. Ela nos mostra que os seres humanos têm um forte sentimento gregário, que os faz buscar aqueles a quem amam. Além disso, desde que o bebê nasce já estão em funcionamento seus neurônios-espelho. É por causa deles que o filho ri de volta ao ver o sorriso da mãe, por exemplo.

A neurociência nos diz ainda que os "caminhos" neurais mais usados são mais fortes, mas que, por meio da neuroplasticidade, é possível criar "novos caminhos" e fortalecê-los pelo hábito.

Como os adultos na sua família se alimentam? O primeiro passo é dar bons exemplos. Não adianta oferecer uma refeição balanceada a seu filho se você só come frituras e doces. Vocês têm o costume de comer juntos à mesa? Sabemos que a rotina de múltiplas atividades de todos dificulta esse hábito, mas ele é mais importante do que parece.

Uma pesquisa realizada por estudiosos do The College of Family Physicians do Canadá revelou que refeições familiares frequentes diminuem a ocorrência de distúrbios alimentares, uso de álcool e outras substâncias, comportamento violento e sentimentos de depressão ou pensamentos de suicídio em adolescentes. Esse hábito, por outro lado, aumenta a autoestima dos filhos e as chances de sucesso escolar, tendo bons resultados especialmente na saúde física e mental das meninas.

O maior desafio não é fazer a criança comer, mas tornar este um momento agradável, afetivamente rico. As pessoas, e as crianças em especial, aprendem melhor por meio de experiências felizes.

O KidCoach pode ajudar nessa questão, promovendo uma reflexão sobre as consequências futuras do cenário atual. E por meio das Perguntas ReDA – que geram Reflexão, Decisão e Ação –, colaborar para que pais e filhos possam, juntos, encontrar as melhores soluções para sua dinâmica familiar, com amor e disciplina.

A importância de dizer não a seu filho

Falar não para os filhos significa necessariamente ser autoritário? E o sim sempre quer dizer permissividade? Na sociedade polarizada em que vivemos, de pais e mães "bons" ou "maus", parece que não existe o caminho do meio. Afinal, é possível dar limites sem gerar traumas no processo de educar?

Elisama Santos, autora de *Educação não violenta*, alerta sobre as expectativas dos pais: "O que esperamos que uma criança faça após ouvir um não? 'Obrigada, mamãe, por cuidar de mim. Muito sensato da sua parte! Que supermãe você é!' É claro que isso não irá acontecer."

Então, qual a solução?

É importante que os pais tenham clareza da razão para negar um pedido do filho. Um não que é dito sem um motivo real gera confusão na criança sobre o que pode e o que não pode, e sobre quais são os valores da família. Além disso, combinados e regras devem valer para crianças e adultos. Afinal, a maior parte do aprendizado ocorre pelo exemplo.

O não com acolhimento

Dar limites é fundamental para o amadurecimento emocional das crianças. Quando os pais se sentem culpados por terem passado muitas horas fora de casa, é comum que sejam mais condescendentes. Não é necessário implantar uma rotina militar em casa, rígida e inflexível. Mas permitir algo que você sabe que não vai ser bom para seu filho só vai trazer problemas no futuro.

Uma negativa não significa obrigatoriamente o prenúncio de uma briga. O não deve ser enfático, mas carinhoso. Se os pais acolhem o sentimento do filho, é provável que ele aceite a situação mais facilmente.

Não é hora de sermão

Nesse momento de estresse da criança causado pela frustração, especialistas orientam os pais a dar explicações curtas, que podem ser compreendidas no momento de "*looping* emocional". Algo como "sei que você queria muito ir à praia hoje, mas não é possível porque está chovendo" valida o sentimento da criança e deixa claro que o limite é irrevogável.

No caso de filhos pequenos, talvez seja mais produtivo distraí-los com algo que não tenha nada a ver com a situação, e assim ajudá-los a sair da crise momentânea. Depois, com a criança já mais calma, é preciso voltar ao ocorrido e, aí sim, conversar sobre o que aconteceu com calma e tranquilidade. Isso pode ser feito mesmo com filhos que ainda não têm fluência verbal.

"Pergunta pro seu pai", "pergunta pra sua mãe"

Na infância, quem nunca ouviu a frase "pergunta pro seu pai" e, no minuto seguinte, "pergunta pra sua mãe"?

Isso acontece quando não há limites claros nem uma estrutura que a criança entenda como única na família. Esse tipo de situação pode gerar o seguinte comportamento: o filho se sente confuso sobre as regras da casa, então percebe que há espaço para fazer jogos emocionais com os pais, de modo a conseguir sempre o que deseja.

É normal haver discordância entre os cuidadores principais, mas nos pontos mais importantes ambos necessitam estar de acordo. Para isso, os valores da família (aqueles que são inegociáveis para o grupo familiar) devem ser discutidos previamente entre os adultos – independentemente de os pais formarem um casal ou não – e assim haverá clareza e segurança para os pequenos.

É importante falar também sobre os papéis caricaturais que são desempenhados com frequência: um dos pais é o "bonzinho", que deixa o filho fazer tudo, e o outro é o "mauzinho", que não permite nada e sempre dá as broncas.

Esse tipo de divisão não contribui para o amadurecimento da criança e ainda acaba gerando mal-estar coletivo. Respeitando o estilo e o temperamento de cada um, pai e mãe são igualmente responsáveis pela educação de seus filhos, o que inclui permitir determinadas coisas e negar outras, com clareza e argumentos sólidos.

Para auxiliar as famílias nessa importante missão, disponibilizamos aqui a lista de valores utilizada no programa de Formação Kids Coaching. Ela foi elaborada com base no estudo do psicólogo francês Pierre Weil, que pesquisou diversas culturas em todo o mundo e chegou a 42 valores universais.

Dos valores a seguir, escolham juntos os 8 que estão mais de acordo com a sua família. Anotem-nos e deixem a lista em um local visível, como a porta da geladeira. Sempre que precisarem lembrar o que realmente importa para a sua família, olhem a lista de valores criada por vocês.

Lista de 42 valores universais:

- Respeito
- Responsabilidade
- Motivação
- Curiosidade
- Congruência
- Sucesso
- Ternura
- Espontaneidade
- Prosperidade
- Alegria
- Flexibilidade
- Excelência
- Compartilhamento
- Consciência
- Autocontrole
- Cooperação
- Prazer

- Tolerância
- Intuição
- Coragem
- Solidariedade
- Fidelidade
- Cuidado
- Criatividade
- Saúde
- Energia vital
- Conforto
- Amizade
- Honestidade
- Espiritualidade
- Paz
- Sensatez
- Justiça
- União
- Compreensão
- Família
- Originalidade
- Evolução
- Fé
- Decisão
- Disciplina
- Discernimento

É normal criança ter medo de escuro?

A infância é permeada de medos, e um dos mais comuns é o medo de escuro. Os pais se preocupam muito por acreditar que esse temor pode se estender indefinidamente. De acordo com estudiosos, é normal que o medo do escuro apareça por volta dos 3 anos e, se bem administrado, em condições normais termina até o fim da infância. No entanto, pesquisas mostram que cerca de 10% dos adultos relatam fobia de escuridão.

Os medos são a forma que as crianças têm de lidar com as inseguranças do dia a dia. E não é fingimento, elas de fato veem monstros no escuro, assim como veem amigos imaginários. A infância é uma fase na qual as fantasias assumem contornos reais.

Nossa proposição, por meio do Método CoRE KidCoaching, é que os pais não desqualifiquem o medo, com frases como "isso é besteira", "pode voltar para o seu quarto e dormir sozinho que nada vai acontecer" ou "pare de chorar por essa bobagem". Ir ao outro extremo, supervalorizando a questão, também pode ser contraproducente, sob o risco de aumentar o temor do pequeno.

Vemos na prática que o que funciona é acolher o que a criança relata, perguntando o que exatamente ela vê, como se sente nessa situação. Ao dar espaço para a fala infantil, o filho muitas vezes consegue identificar sozinho o que é fantasia e o que é realidade.

Outra orientação é que os pais incentivem a criança a buscar as próprias soluções. Ao se sentir empoderado, o pequeno será capaz de descobrir em si mesmo condições para vencer o medo. Esse tipo de saída pode parecer estranha para nós, adultos, acostumados a dar respostas prontas aos filhos. No entanto, dar espaço para que eles cheguem às próprias respostas certamente será uma experiência surpreendente.

Objeto transicional:
o que é e para que serve?

O que a Mônica e o Linus, amigo do Charlie Brown, têm em comum? Os dois personagens têm seus objetos transicionais. Esse nome, apesar de complicado, tem um significado fácil de entender. Muitas crianças pequenas adotam um objeto preferido – que pode ser um bicho de pelúcia, como o Sansão, um cobertorzinho, um boneco ou qualquer outra coisa – que levam para todo lado e não largam nem na hora de dormir.

O termo objeto transicional foi criado na década de 1960 por Donald Woods Winnicott, grande estudioso da infância. Sua função, de acordo com o pesquisador, é de representar a mãe (ou o cuidador principal) quando ela estiver ausente, trazendo o conforto que a criança precisa em momentos de angústia e ansiedade.

Os especialistas em desenvolvimento infantil consideram o objeto transicional algo positivo, pois ajuda o bebê a fazer a transição do eu com o mundo, sendo o primeiro vínculo, no nível mental, entre o interior e o exterior.

O conceito de objeto transicional

Nos seis primeiros meses de vida, o bebê, em um ambiente suficientemente bom – quando tem suas necessidades básicas atendidas (comida, calor, afeto) –, desenvolve uma sensação de onipotência. Isso porque o que ele deseja é providenciado pelo ambiente quase automaticamente.

Essa sensação que o bebê tem de criar no mundo aquilo que está em seus desejos é necessidade fundamental para que seja possível para ele viver relações satisfatórias com esse mundo e tolerar as futuras frustrações que inevitavelmente virão. É isso que permite que o bebê se sinta seguro para conhecer o mundo a sua volta e a si mesmo, suas possibilidades e limites.

O bebê que teve a experiência de ilusão bem-sucedida está pronto para uma gradual desilusão. É nesse momento que o ambiente suficientemente bom começa a apresentar falhas na realização de seus desejos (ex.: a mãe volta a trabalhar e não fica mais o tempo todo a seu lado). Entre a vivência da ilusão e da desilusão entram os objetos transicionais. Eles ocupam uma "área intermediária da experiência" e são importantes para amparar o bebê nesses momentos de angústia.

Assim, ele pode praticar o envolvimento com o mundo real, mas ainda com a comodidade de poder controlar o objeto, que é interpretado pelo bebê como pertencente a essa área intermediária da experiência, um híbrido entre o dentro e o fora, percebido como a materialização do cuidado materno.

O objeto transicional constitui a primeira posse não-eu, sobre a qual a criança tem certo controle, mas que por outro lado está sujeito a falhas (o brinquedo pode cair no chão ou até se perder, por exemplo). É a transição entre a estado perfeito de ilusão para o de desilusão.

Também cria bases psíquicas para sustentar importantes experiências humanas, como o poder de elaborar brincadeiras, o desenvolvimento da apreciação das artes e das expressões culturais, já que é justamente no vínculo que se forma entre o mundo interior e o exterior que tais movimentos se tornam possíveis.

Quando essa fase termina?

Aos poucos, o indivíduo deixa de precisar de um objeto real para realizar sua transicionalidade. Não há uma idade fixa para a criança abandonar seu objeto transicional, e esse processo não precisa ser apressado pelos pais, o ideal é que seja um movimento natural, motivado pela própria criança.

O que as crianças pensam no cantinho do pensamento?

Imagine a seguinte situação: você entrega um relatório ruim a seu chefe. Ele olha o material e diz: "Que horror! Você trabalha mal, vai para a sua mesa pensar."

O que você pensa nesse momento?

Provavelmente:

a. que ele é injusto, porque você já fez ótimos relatórios;

b. que ele é insensível, pois não entende a situação difícil que você está passando em casa;

c. que ele está te perseguindo, porque seu colega sempre faz relatórios piores e ele nunca reclama.

Você não deseja fazer um trabalho melhor da próxima vez, só mostrar que seu chefe está errado.

Trazendo essa situação para a realidade familiar: seu filho bateu novamente no amiguinho da escola. Você já tinha dito mil vezes para ele não fazer isso, e ele fez de novo. Você não sabe mais como resolver a situação, e já imagina que seu filho vai crescer e continuar a agredir as pessoas sem qualquer controle na vida adulta. Na sequência, se sente mal por não estar obtendo os resultados que esperava e deduz que não sabe educar o próprio filho, e aí bate a culpa.

MEU FILHO NÃO TEM JEITO! | 47

Como resolver isso? "Vai para o seu quarto pensar!"

Lembrando que:

- A criança ainda não tem desenvolvimento neurológico suficiente para alcançar o raciocínio abstrato de pensar sobre algo ou analisar uma situação sozinha;

- Seu cérebro ainda é predominantemente límbico, ou seja, ela responde às situações com sentimentos, não com pensamentos;

- Ela ainda não tem critérios para definir novas ações por si só.

Dito isso, o que será que uma criança pensa no cantinho do pensamento?

A resposta é: nada. Nesse momento, a criança só sente: desamparo, desamor, raiva, sentimento de ter sido injustiçada, vontade de se vingar. Enquanto está de castigo, inundada por esses sentimentos ruins, a criança não consegue focar em resolver o problema, reparar seu erro ou em como agir diferente da próxima vez.

E mais: entende que só é amada quando obedece, quando faz o que se espera dela, e que precisa passar pelos momentos difíceis sozinha, isolada. Na verdade, é quando se comporta mal que a criança precisa se sentir mais acolhida, pois é com a orientação afetuosa dos pais que poderá – aí sim – pensar sobre o que fez de errado e como planejar novas ações.

Alguém que assistiu a um programa de TV com uma babá que dava dicas de como resolver os problemas de todas as famílias pode dizer: "Mas o cantinho do pensamento funciona." A curto prazo realmente funciona, no sentido de que o comportamento não desejado é interrompido imediatamente.

Mas, no fim das contas, não se trata de um aprendizado, mas de uma espécie de adestramento. A médio prazo, vai se tornando necessário usar punições – sim, o cantinho da disciplina é uma punição – cada vez mais severas, sem resultado real. E a longo prazo, gera afastamento emocional entre pais e filhos.

Esse tipo de atitude é apenas uma manifestação do ego dos pais – nas entrelinhas, significa que a criança precisa aprender "quem manda aqui". É realmente esse tipo de reação que você quer construir com a pessoa mais importante da sua vida?

E agora, o que se pode fazer em alternativa ao cantinho do pensamento?

Confira, a seguir, algumas orientações:

- Ninguém consegue tomar boas decisões no calor do momento. Explique a seu filho que está muito brava e não tem condições de conversar agora, que precisa de alguns minutos para se acalmar. Saia, beba água, lave o rosto, respire fundo; depois retome o assunto com mais tranquilidade. É provável que seu filho também passe a fazer isso, pedindo um tempo para se acalmar antes de conversar.

- Nessas situações, um "cantinho da calma" pode ajudar muito. Bem diferente do cantinho da disciplina, o cantinho da calma é um lugar criado pela criança, com objetos que a fazem se sentir bem: papéis e lápis de cor, bonecos fofinhos, almofadas confortáveis para sentar. Lá ela pode brincar um pouco e esfriar a cabeça até se sentir melhor.

- Quando vocês dois estiverem mais calmos, tente ouvir o que seu filho tem a dizer, sem julgá-lo, mas mostrando a ele sua responsabilidade pelos próprios atos, com frases como "o que será que seu amigo sentiu quando você bateu nele?". Nesse caso, talvez pedir desculpas ao colega que apanhou seja o menos importante, pois muitas vezes é apenas um ato mecânico, sem sentido real. Em vez de castigá-lo, experimente pensarem juntos em uma consequência direta do ato errado, algo que repare o que ele fez, como cuidar do machucado do amigo da próxima vez (ou algo que vocês definam juntos).

Criança saudável:
o que funciona e o que não funciona?

Estamos assistindo ao aumento do *bullying*, do isolamento social e também de diagnósticos de TDAH, autismo e depressão entre as crianças. Diante disso, frequentemente os pais se perguntam o que podem fazer para auxiliar seus filhos a serem indivíduos saudáveis e amorosos.

Quais caminhos funcionam e quais não funcionam para alcançar esse objetivo – que é mais que uma meta, é uma missão de vida?

As crianças, sensíveis como são, apenas refletem as doenças de nosso tempo. Somos, hoje, uma sociedade autista, desatenta, depressiva. Estamos como os zumbis dos filmes: não nos encontramos, não olhamos no olho. E o problema não é individual, nos parece que é uma consequência desse contexto da nossa sociedade pós-moderna.

E, aí, aparecem muitas estratégias para resolver essas questões. Será que todas elas dão certo?

No cantinho do pensamento, a única coisa que a criança não faz é pensar. Isso acontece porque o indivíduo nasce com o sistema límbico – responsável pelos sentimentos e funções básicas do organismo – pronto, mas o neocórtex – relacionado às funções executivas nobres do cérebro (como analisar fatos, gerar critérios, fazer planos) – só atinge a maturidade na idade adulta.

Ou seja, a criança não raciocina sobre a situação, não tem capacidade de analisar os fatos ocorridos e alterar seu comportamento a partir dessa pseudorreflexão no enfadonho cantinho do pensamento. E o pior é que na maior parte das vezes a criança se sente injustiçada, rejeitada e até mesmo abandonada, visto que não tem prontidão neurofisiológica para fazer uma análise crítica sobre as ações indesejadas que praticou.

Com os quadros de recompensas, a criança passa a agir "direitinho", do jeito que os pais querem, mas só quando está na frente deles ou por um curto período de tempo. O objetivo passa a ser ganhar a estrelinha, o pontinho ou até o dinheiro prometido. Essa estratégia só estimula a criança a agir em prol do seu próprio bem-estar ou do bem-estar coletivo se houver algo em troca por parte das pessoas.

Há algumas estratégias com base na tentativa do diálogo, mas pouco proveitosas visto que muitas vezes esse diálogo é agressivo. Em geral, a intenção é de conversar com os filhos com calma e respeito, mas na hora algo acontece que tira os pais do sério.

Temos visto o aumento de turmas de ioga para crianças, meditação para crianças. Essas atividades até tranquilizam os pequenos, mas não alteram seu comportamento, não fazem com que eles se sintam mais fortes diante do colega que pratica *bullying*, não fazem com que melhorem o desempenho escolar, não cessam a birra.

As "soluções mágicas" padronizadas tampouco funcionam. Não é porque algo deu certo com uma família que vai dar certo com as demais, pois cada família é totalmente diferente da outra.

Tem ainda os "treinos de inteligência emocional para crianças": os pais levam o filho na sexta, "com defeito", e querem buscar no domingo, já "consertado". O que acontece é que a criança não volta "consertada", e os pais chegam à conclusão de que ela "não tem jeito mesmo", o que frustra a todos, criança e pais.

Quando os pais não sabem mais o que fazer, "entregam para Deus", mas na prática o que acontece é que estão se distanciando de seus filhos e abrindo espaço para que pessoas mal-intencionadas seduzam/molestem a criança física ou moralmente.

Nenhuma dessas atitudes é proposital, não há pai ou mãe que deseje o mal do filho, pelo contrário. Todos querem criar filhos justos e éticos. Mas dependendo de como se age, podem estar levando-os na direção oposta.

Quando essas situações acontecem, logo vem a culpa, que por sua vez não traz nenhuma solução aos problemas. Mas é possível aprender novas estratégias e abordagens na relação com a criança para não precisar chegar nesse ciclo infinito de atitudes ineficazes e culpa.

Ao se trabalhar com a criança, é necessário atuar no sistema familiar como um todo. Não dá para cuidar só da criança "estragada", nem cuidar só dos pais "estragados". Ao cuidar da família, ajudando-a a se realinhar de acordo com os princípios específicos daquelas pessoas, é possível conseguir uma mudança efetiva.

O que funciona?

- Levar a criança a pensar e tomar decisões próprias a sua idade, por meio de boas perguntas, fazendo o papel de "alterneocórtex" do filho;

- Gerar autorresponsabilidade (e não culpa), levando a criança a perceber que ela é autora do que obtém em sua vida. Quando esse trabalho se inicia cedo, é possível ajudar a criar jovens e adultos mais autorresponsáveis e autorregulados;

- Ajudar a criança a conectar o que pensa ao que sente;

- Valorizar e elogiar, estimulando as atitudes desejáveis – em vez de ver sempre o que seu filho faz de errado, experimente mudar o foco e buscar suas ações de afeto, generosidade e respeito ao próximo;

- Dizer não na hora certa – frustrar os filhos em alguns momentos gera uma aprendizagem necessária, mas sempre com clareza e critérios bem definidos.

O que não funciona?

- Gritos: geram audição seletiva na criança;

- Humilhações: a criança se sente não amada;

- Abandono: não proporcionar ao filho suas necessidades básicas, como roupas, alimentação e afeto;

- Punições não trazem resultado efetivo e ainda geram mágoa na criança;

- Cama compartilhada: atrasa a aquisição natural de autonomia, criando um "cordão umbilical emocional".

O que funciona (para cada idade)?

- 1 ano: amamentação – além de alimentar, traz segurança e conforto ao bebê; música; silêncio; conversas carinhosas.

- 2 anos: estimular a interação com objetos e pessoas; deixar a criança livre no chão; estimular a mobilidade.

- 3 anos: contar histórias; estimular a dramatização; deixar brincar.

- 4 anos: estimular o cuidar-se e vestir-se; responder aos inúmeros "por quês?".

- 5 anos: estimular o autocontrole; oferecer limites.

- 6 anos: estimular o desenvolvimento intelectual e social.

- 7 anos: ajudar a manter seus compromissos e responsabilidades, sem ser algo imposto ou desagradável.

- 8 anos: oferecer espaço para se posicionar, dar sua opinião.

- 9 anos: orientar na apreciação de valor do outro.

- 10-12 anos: possibilitar recreação variada; orientar quanto ao excesso de competitividade; procurar desenvolver atitude científica (mostrando a diferença entre fato e opinião).

- Em todas as idades: brincadeiras e tempo de qualidade.

Terrible two:
o que fazer com a birra dos 2 anos

Se seu filho tem 2 anos, provavelmente você já percebeu que o comportamento dele mudou um pouco ultimamente. "Um pouco??", alguém poderia perguntar, diante de reações como choro incessante e gritos a plenos pulmões por motivos como a hora do banho, a hora de trocar a fralda ou o irmão que comeu a metade da banana que ele disse que não queria mais.

Nesse momento, mães e pais ouvem muitos palpites: é birra, manha, pirraça, malcriação, piti, show, escândalo, drama, chilique – inúmeros nomes para dizer que chegaram, enfim, os terríveis 2 anos. Ou como são mais conhecidos nos grupos de mães, *terrible two*.

Em primeiro lugar, fuja dos rótulos. *Terrible two* não é apenas uma expressão, é o prenúncio de uma sina. E se acreditarmos que não existe nada a ser feito, certamente vai haver mais angústia – para pais e filhos. Se, por outro lado, entendermos que este é um momento natural da evolução física e psíquica do ser humano, é possível que haja mais tranquilidade para toda a família.

Aprendizado intenso, emoções intensas

A criança de 2 anos é uma exploradora, uma desbravadora, muito ativa e curiosa. É uma fase de aprendizado intenso, uma verdadeira explosão de conexões neuronais. É também uma fase de afirmar sua individualidade, de se saber distinta da mãe. Há aí um grande desejo de controle – mas por não haver ainda condições para tal, a bola cai, o carrinho não vai para onde a criança quer. E aí ela descobre a frustração, com a qual ainda não sabe lidar.

Acontece, então, uma crise emocional temporária, uma espécie de "curto-circuito" hormonal. O neocórtex, responsável pelos pensamentos, ainda é muito pouco desenvolvido. Já o sistema límbico, atrelado aos sentimentos e totalmente formado desde o nascimento, toma conta da cena. Resultado: há um verdadeiro encharcamento de hormônios, gerando total descontrole.

Nesse momento, a atitude dos pais é fundamental. Não se resolve descontrole com mais descontrole. Quando os pais censuram o filho, passam a mensagem de que ter sentimentos ditos "ruins" não é permitido – isso vai fazer com que a criança não se sinta à vontade para demonstrar sua angústia.

A birra não é falha de caráter, falta de educação ou de "pulso firme" – a criança é essencialmente boa e cooperativa. Provavelmente ela só tem uma necessidade não atendida e não sabe como expressar isso. Quando achamos que tudo é "culpa" do *terrible two*, tiramos o foco da criança, do que ela sente e precisa.

Será manipulação?

Às vezes dizemos: "Ele só quer chamar atenção." Essa frase pode ser verdadeira, mas aí, em vez de nos voltarmos contra nossos filhos supostamente manipuladores, cabe uma reflexão: por que ele acha que precisa chamar atenção? Por que aprendeu que fazendo coisas ruins consegue o que quer? Sem perceber, estarei reforçando positivamente um comportamento indesejado – o que só vai fazer com que ele seja mais frequente?

Veja aqui nossas orientações para que os 2 anos de seu filho sejam mais *wonderful two* do que *terrible two*:

- Não sinta vergonha da situação nem das pessoas em volta. Os olhares de recriminação dizem mais dos outros do que de você ou da maneira como cria seu filho. Analise se você quer a aprovação das pessoas, o dito "filho-modelo", ou uma criança emocionalmente saudável.

- Dar limites é fundamental, mas sem violência. Não use castigos, punições ou ameaças.

- Não adianta dizer "fique calmo", a criança pequena ainda não sabe fazer isso sozinha. Ensine ela a respirar fundo (peça que coloque as mãos na barriga para senti-la descer e subir).

- Explique que, se quer atenção, não precisa pedir dessa forma. Pode dizer que quer um abraço ou brincar com você.

- Ajude a criança a expressar o que pensa e sente, acolhendo-a e nomeando seus sentimentos.

- Não desmereça o motivo só porque não faz sentido para você, seja empático e diga algo como "entendo que você está muito aborrecido por não poder brincar com o cavalo agora".

- Distraia a criança com opções predefinidas: você prefere levantar do chão e ler uma história ou brincar com os bonecos?

- Avalie se pode haver um motivo externo, como cansaço, sono ou fome.

- Se possível, tenha uma rotina de exercícios, de preferência ao ar livre, para a criança gastar energia. Não precisam ser atividades fixas nem dirigidas, também é importante ter tempo de ócio e livre brincar.

- Não caia na tentação de ceder apenas para cessar a birra. Se há a clareza da importância do não, mantenha sua decisão.

- Se você perdeu o controle, peça desculpas. Assim seu filho vai aprender que o ser humano falha, mas que a violência não é uma forma aceitável de resolver problemas. E não se renda à culpa. A culpa é um sentimento inútil, sempre.

A criança de 3 anos, ou *threenager*

Você prepara o café da manhã para seu filho. Está tudo bem, até que ele chega e começa a chorar e gritar que odeia aquela comida – a mesma que come todos os dias, há meses. Na hora de sair de casa, você chama o elevador. Mais birra, afinal ele é que devia ter apertado o botão. Bem-vinda aos 3 anos!

Nos grupos de mães na internet, muito se fala sobre as dificuldades dos 2 anos – fase mais conhecida como *terrible two* –, mas quase não se discute sobre os desafios dos 3 anos. Recentemente as crianças dessa idade também ganharam um apelido, *threenagers*, pois se acredita que seria uma espécie de "adolescência" da primeira infância.

O que muda?

Aos 3 anos, a criança já tem certa fluência verbal e controle motor, características fundamentais para garantir suas primeiras independências: tirar e botar a própria roupa, descascar uma banana, se servir de água, expor suas necessidades e desejos etc.

De modo geral, a criança dessa idade já não mama mais no seio nem toma mamadeira, está desfraldada, frequenta a escolinha, tem amigos e é apegada a eles. Tudo isso a faz perceber o mundo numa amplitude nunca antes vista em sua ainda curta vida.

Há uma busca pela própria identidade, pois esse indivíduo já se entende como um ser apartado da mãe. Some-se a isso a intensa atividade sináptica – aos 3 anos, acontece um fenômeno de maturação chamado poda neuronal, que só voltará a ocorrer quando ele for adolescente.

No entanto, as similaridades com a adolescência param por aí (não dá para comparar a carga hormonal, a experiência de vida já adquirida e o posicionamento social), e por isso o termo *threenager* não se aplica.

Chamar o filho de *threenager* é mais um desses estigmas negativos sobre essa fase absolutamente normal na infância. A criança de 2 anos é terrível, a de 3 anos é tão complicada quanto um adolescente – e aí estamos rotulando também a adolescência. Quando fazemos isso, só nos afastamos de nossos filhos, de quem eles verdadeiramente são por trás do estereótipo.

Como lidar?

A criança de 3 anos já começa a analisar as incoerências do mundo ao redor e a questioná-las (ex.: "por que algumas pessoas têm casa e outras não?"), argumenta quando é contrariada (ex.: "você foi injusta, não esperava isso de você, mamãe") e deseja ter o controle (ex.: "hoje não quero comer isso, quero aquilo"). Tudo isso representa um grande desafio para os pais, que muitas vezes não se deram conta do salto imenso na vida do filho e não sabem como agir.

Nessa hora, sempre tem alguém que diz: "calma, vai passar", e os pais podem cair na tentação de acreditar que, quando passar, a criança vai subitamente virar um anjo que tudo aceita e de nada reclama.

A verdade é que a vida de quem tem filhos se parece menos com a previsão meteorológica – acaba a tempestade, vem o arco-íris – e mais com um grande videogame: cada fase tem as suas dificuldades e encantamentos, e quando você acha que já viu tudo surge uma nova fase, com outras dificuldades e encantamentos (cada vez mais desafiadores e incríveis, em igual medida).

Seu filho está com 3 anos e você não sabe o que fazer? Confira aqui algumas orientações:

- Responda às perguntas. Às vezes elas parecem insignificantes ou até engraçadas (como "o que é uma dentadura?"), outras vezes parecem complexas demais para uma criança tão pequena (como "por que eu existo?"). Na medida do possível, responda, levando a criança a refletir e tirar as próprias conclusões.

  E se não souber, pode admitir e até propor uma pesquisa num livro ou na internet. Essa é uma fase de grande curiosidade (lembra que as crianças são pequenas cientistas?), então explicar como funciona o mundo sacia essa necessidade.

- Dê pequenas tarefas. Nessa idade, a criança já pode levar as roupas sujas para o cesto, colocar e tirar a mesa para as refeições, botar ração para o cachorro. Ao colaborar com a rotina da casa, o pequeno se empodera pela autonomia conquistada, aumenta seu autoconhecimento e se sente parte da família.

- Ensine sobre sentimentos. Aos 3 anos, a criança já sabe dizer que tem fome, mas ainda se confunde sobre estar com raiva, triste ou frustrada. Quando aprende a fazer esse tipo de distinção, fica mais fácil para o pequeno expor seu mal-estar em vez de ter uma atitude de descontrole emocional.

Criança difícil ou que sabe se posicionar?

Quando uma mulher fica grávida, geralmente deseja (mesmo que em segredo) ter um filho "bonzinho": aquele que já nasce dormindo a noite toda, que empresta os brinquedos no parquinho, que obedece sempre à mãe. Só falta completar: "Obrigado, mamãe! Vejo claramente que receber limites é importante!"

Bem, segundo esses parâmetros, é quase impossível ter o filho bonzinho. "Mas a filha da fulana é um anjo", alguém sempre rebate. Será que essa menina é mesmo assim? Ou será que ela entendeu que só agindo dessa forma será amada?

Essa questão tem diversas camadas, vamos por partes:

Filho idealizado x filho real

O filho real – aquele que te acorda à noite com pesadelo, que faz perguntas sobre tudo quando você tem mil coisas a resolver, que a professora te chama sempre na escola – provavelmente não estava nos seus planos, mas certamente é uma grande oportunidade de aprendizado para você.

A criança que pensa por si mesma, em vez de ser uma xerox dos pais, tira os adultos da zona de conforto, fazendo com que revejam conceitos e pré-conceitos, aceitem críticas e se empenhem em melhorar como pais e seres humanos.

O poder do rótulo

Pense na sua própria infância. Você recebeu algum rótulo? Pode reparar: a criança "brava" em geral se torna o adulto "esquentado"; a "boazinha" cresce sem saber dizer não, e por aí vai – mesmo os rótulos ditos positivos são prejudiciais. Você quer seu filho preso a uma "caixinha"? Então que tal trocar o elogio pelo encorajamento?

Em vez de "você é incrível", que tal "sempre que você se esforça muito por alguma coisa, alcança seu objetivo"? Ou em vez de "você não me dá trabalho nenhum", "hoje passamos o dia na rua e você, mesmo cansado, foi um grande parceiro"?

Como lidar com o filho "difícil"?

Em geral, a pessoa – criança ou adulto – que reage a tudo tem alguma necessidade não atendida. Qual será a do seu filho? Ele pode precisar de tempo para perguntar sobre uma situação que não entendeu, querer conversar sobre seus medos ou precisar de ajuda para lidar com alguma situação na escola.

Os pais podem estimular a expressão do filho ouvindo-o verdadeiramente, ajudando-o a perceber seus sentimentos e emoções, a entender as consequências de seus atos e a aprender a se posicionar no mundo.

Meu filho não quer tomar banho, e agora?

Chegou a hora do banho. E, de repente, uma atividade que teoricamente seria sinônimo de cheiro de sabonete e relaxamento ganha contornos de terceira guerra mundial. Enquanto ouve gritos de "banho náoooo", a mãe se questiona:

a. Se é preciso mesmo tomar banho todo dia;

b. Quantos decibéis são necessários para estourar as vidraças.

Essa situação é familiar? Calma, é possível manter as janelas no lugar e ter um filho limpinho.

Sabemos que a vida é corrida e as demandas são inúmeras, mas vale a pena romper a barreira da rigidez supostamente necessária ao papel de mãe e dar espaço para o bom humor e uma atitude lúdica.

É fácil? Não, mas você já deve ter percebido que o modo "fácil" não veio no pacote maternidade. Nesse caso, com o que você prefere gastar sua energia e seu (pouco) tempo? Com brigas desgastantes ou com brincadeiras?

Confira nossas orientações:

- Muitas crianças não gostam de tomar banho (ou escovar os dentes, ou almoçar) porque isso significa ter que parar de brincar.

Em vez de chamar para tomar banho, que tal chamar seu filho para lavar os dinossauros ou a roupa das bonecas? Assim, a brincadeira continua no chuveiro!

- Não tome a negativa de tomar banho como um ataque pessoal a sua autoridade. A infância é uma fase de construção do eu. Assim, negar algo que deixa os pais evidentemente irritados pode ser uma espécie de teste dos limites possíveis (não estamos falando de birra nem de desafio à autoridade dos adultos por pura maldade da criança, mas simplesmente de descobrir as regras do mundo na base da tentativa e erro, o *modus operandi* padrão infantil).

- Dar opções predeterminadas pode ser uma boa alternativa. Por exemplo: "Você quer tomar banho antes ou depois de assistir ao desenho?" Assim, a criança se sente participando das decisões da própria vida, mas faz isso de acordo com a logística possível para os pais.

- Ter rotinas é importante, pois assim a criança pode se organizar em seu mundinho. Se o combinado é chegar da escola, brincar, tomar banho e jantar, quando estiver quase no horário do banho vale a pena lembrar seu filho da próxima atividade, por exemplo: "Daqui a dez minutos você vai para o chuveiro, até lá pode brincar à vontade."

- Evite fazer barganhas, dar prêmios ou aplicar sanções. Caso contrário, o banho será interpretado como um castigo ou uma atividade a cumprir apenas para ganhar algo. O ideal é ajudar a criança a perceber, mesmo que seja pequena, que o banho pode ser divertido, além de necessário para a higiene, e que essa é uma das formas de cuidar de si mesmo e de sua saúde.

- Não ridicularize nem humilhe seu filho, especialmente na frente dos outros, dando apelidos como "Cascão". Esse tipo de "profecia" é autorrealizável, a criança pode "vestir a carapuça" e assumir que simplesmente não vai mais tomar banho.

Aos poucos, é interessante ir aumentando a autonomia da criança, o que faz parte do amadurecimento do indivíduo. Mas até o fim da infância pode ser necessário supervisionar se as rotinas de higiene estão sendo seguidas direitinho. Afinal, é só na adolescência que há maturidade suficiente para fazer a passagem da fase de ser cuidado para a de cuidar de si.

Como falar sobre morte com as crianças?

Em algum momento da vida vamos nos deparar com ela: a morte. Quando a perda acontece na infância, é comum os pais terem receio quanto a contar a verdade para a criança.

A princípio não falar – ou não falar tudo – parece a forma correta, vantajosa e menos perigosa, mas é exatamente o contrário. É só quando o cérebro consegue compreender o ocorrido sob o ponto de vista racional, que acaba o *looping* de emoções na mente da criança.

Em geral, os adultos não sabem lidar com a morte, e aí fica difícil falar sobre isso com a criança de maneira natural. No entanto, lidar bem com a primeira perda é importantíssimo, pois ajuda o indivíduo a elaborar os futuros lutos (inevitáveis) ao longo da vida.

Quando alguém querido morre, a criança nota o clima de luto na família, então não adianta esconder dela o que está acontecendo. Nessas situações de emoção intensa, a conversa franca e acolhedora permite que qualquer pessoa (adulto ou criança) assimile o que está acontecendo, viva isso e seja capaz de seguir adiante.

O adulto, ao falar a verdade, gera a oportunidade de a criança ter alguma compreensão sobre os acontecimentos e abre espaço para ela expressar o que está pensando e sentindo. Frases como "vamos sempre vê-lo em nossos corações" não são tangíveis para a criança, e podem deixá-la ainda mais confusa.

O que funciona é quando o adulto explica com fatos o que aconteceu, na medida do entendimento da criança: "O vovô estava velhinho e cansado, aí ficou doente e não aguentou. Não vamos mais vê-lo. Como você se sente em relação a isso?" Diante da resposta, o adulto segue acolhendo: "Entendo seu sentimento, às vezes me sinto assim também."

Isso ajuda a criança a compreender a situação, mas não tira a saudade nem o luto (que são importantes de serem vividos). Não é aconselhável ficar tirando o foco da criança da situação que está passando, tentando alegrá-la com brincadeiras ou lanchinhos.

Em vez disso, lembre a ela momentos de diversão e afeto que teve com a pessoa que partiu. Isso mantém a memória positiva das vivências que tiveram juntos, o que ajuda a criança também a sentir alegria do encontro em vida, apesar da dor da perda.

Sobre a questão de levar ou não a criança ao cemitério:

Vale a pena avaliar com a criança sobre seu desejo e maturidade de viver essa experiência marcante. Mas essa decisão (qualquer que seja) não vai fazê-la lidar melhor ou pior com a morte. O que efetivamente vai ajudá-la é receber acolhimento e espaço para viver seu luto em segurança, tendo suas perguntas respondidas a seu tempo.

Como ajudar a criança que perdeu um ente querido?

Quando alguém próximo a uma criança morre, os pais muitas vezes acreditam que ao não falarem claramente sobre isso vão proteger seu filho, mas na verdade negar a realidade é que pode gerar problemas, pois a criança começa a fantasiar, o que tende a ser bem pior.

Por exemplo, a avó está muito doente e morre. Os pais não querem abordar o assunto com medo de impressionar o filho, mas sem ter esse entendimento o pequeno pode desenvolver um medo de que seus pais morram a qualquer momento.

Os pais podem demonstrar tristeza?

É comum os pais acharem que não podem chorar na frente dos filhos, pois seria inapropriado mostrar-se vulnerável perante as crianças. Mas ao contrário, essa vivência dá aos pequenos a possibilidade de modelar comportamentos saudáveis – posto que é extremamente saudável viver o luto – e reagir melhor a situações semelhantes ao longo da vida.

Percepção infantil aguçada

No livro *Como criar crianças gentis (e ter uma família mais feliz)*, Thomas Lickona, ao falar sobre situações de intolerância na sociedade (como movimentos neonazistas e racistas), dá orientações que podem muito bem ser estendidas para a questão do luto.

O autor diz: "Muitas vezes as crianças percebem mais do que aquilo que julgamos e precisam da nossa ajuda para processarem a informação. [...] Faça-as falar; pergunte-lhes o que pensam. Ajude-as a interpretarem o que veem e ouvem."

Orientações práticas

No site *Vamos Falar Sobre o Luto*[*], o Dr. Alan Wolfelt, educador e estudioso das questões do luto, lista as 6 necessidades das crianças que passam por esse processo:

1. Reconhecer a realidade da morte

As crianças tendem a aceitar a realidade da morte em "doses". Elas permitem a entrada de "um pouco" de dor e depois voltam a brincar. Essa dosagem não só é normal, mas também necessária para tornar esses primeiros momentos do luto mais suportáveis.

2. Sentir a dor da perda

Assim como qualquer pessoa em processo de luto, as crianças também precisam abraçar a dor da perda. Felizmente a maioria delas ainda não aprendeu como reprimir ou negar os sentimentos. Se estão tristes, elas geralmente se permitem estar tristes.

3. Relembrar a pessoa que partiu

Crianças em luto precisam relembrar a pessoa que partiu e também ajudar a celebrar a vida que essa pessoa viveu. É muito bom para a

---

[*] "Entenda as 6 necessidades do luto infantil". Disponível em: http://vamosfalarsobreoluto.com.br/post_helping_others/entenda-as-6-necessidades-do-luto-infantil/

criança ver fotos ou assistir a vídeos, é bom para ela contar histórias sobre essa pessoa querida que se foi, assim como ouvir outras pessoas contarem histórias também. Relembrar o que houve de positivo no passado torna o futuro mais possível.

4. Desenvolver identidade própria

Parte da identidade de uma criança é formada pelo relacionamento que ela teve com a pessoa que partiu. Talvez ela tenha tido um pai e agora não tem mais, ou ela deixou de ser a irmã mais velha quando o caçula faleceu depois de um parto prematuro.

Como mudou o sentido da criança sobre quem ela é como resultado de uma perda importante? Ninguém pode preencher para a criança a "vaga" da pessoa que partiu. Não tente achar um pai/melhor amigo/avô substituto.

5. Procurar significado

Quando alguém que amamos morre, naturalmente questionamos o significado e o propósito da vida. As crianças tendem a fazer o mesmo de forma muito simplificada, por meio de perguntas como "por que as pessoas morrem?", "o que acontece com as pessoas depois que morrem?" ou "o papai pode jogar futebol no céu?".

6. Receber apoio contínuo de seus cuidadores

O luto é um processo, não um evento. As crianças, assim como os adultos, vão estar nesse processo por um tempo longo até superá-lo. A criança enlutada precisa da compaixão e da presença de um adulto próximo, não somente nos dias ou semanas após a morte de alguém querido, mas também nos meses e anos a seguir.

Relacionamentos abusivos entre pais e filhos

Quem nunca ouviu a frase: "o filho é meu, faço com ele o que eu quero"? Mas será que realmente os pais sempre sabem o que é o melhor para seus filhos?

Recentemente tem-se discutido a validade do conceito de relacionamento tóxico não só para relações amorosas, mas também entre pais (e mães) e filhos. Entende-se que há um relacionamento tóxico ou abusivo quando há características como ciúme excessivo, controle da vida do outro, invasão de privacidade, chantagem emocional e manipulação da autoestima.

Parentalidade tóxica

No relacionamento abusivo parental, é comum usar violência física e/ ou emocional com o objetivo de ter autoridade sobre os filhos. No entanto, a isso se chama autoritarismo, que por sinal só gera consequências negativas – como medo e revolta nas crianças e adolescentes – em vez do respeito e da admiração desejados.

Da mesma forma que nos relacionamentos amorosos tóxicos, os pais abusivos comumente infligem maus-tratos com atos ou palavras aos filhos, sob a justificativa de que "estou fazendo isso para o seu bem, porque te amo". Além da dor que o jovem sente, ele se desenvolve física e psiquicamente acreditando que violência e amor podem andar juntos – ou seja, futuramente esse jovem pode entrar em um namoro abusivo por entender que isso é normal e aceitável.

Repetição de padrões antigos

Muitos pais de hoje foram educados à base de palmadas, castigos e humilhações. Quando têm filhos, essas pessoas sem perceber podem repetir os padrões destrutivos com os quais foram criados. Quando o filho faz uma birra ou questiona suas ordens, esses adultos têm o ímpeto de dizer, tal qual seus pais faziam, frases como "quem manda aqui sou eu".

No entanto, as consequências invariavelmente serão ruins.

Outra face de um relacionamento danoso para crianças e adolescentes é o extremo oposto, ou seja, a educação permissiva, que pode ser tão tóxica quanto a educação violenta. Quando os pais desejam proporcionar uma criação de liberdade, mas na prática não dão limites, os filhos se sentem ignorados, desprezados, e percebem isso como desamor e abandono. Na idade adulta, quando inevitavelmente passarem por frustrações, esses indivíduos podem não ter o suporte psicológico necessário para enfrentar os embates e pesares.

Sinais de alerta

Ao perceber que está agindo autoritariamente com seus filhos, pare, respire e reflita se você realmente deseja causar neles a angústia, a tristeza e a raiva que você mesmo sentiu em relação a seus pais.

Não caia na armadilha do "apanhei e não morri", pois entre o desenvolvimento saudável (com dificuldades, mas com amor) e a morte há muitas nuances. Ninguém tem filhos para simplesmente mantê-los vivos, mas para fazer o seu melhor, colaborando para o desenvolvimento integral desses indivíduos pelos quais se é responsável.

Por outro lado, se você com frequência fica em dúvida se deve dizer não ao filho, mesmo quando sente em seu coração que deveria fazê-lo, se acaba concordando em fazer ou dar algo somente para não ter que lidar com o choro ou a insatisfação do jovem, é possível que esteja dando limites de menos, e aí vale a pena avaliar como alterar isso.

Lembre-se: sempre é tempo de mudar o rumo da relação com seus filhos, independentemente de quantos anos eles tenham.

Os avós estragam meus filhos, o que fazer?

A relação entre avós e netos é uma das mais importantes que existe. Capazes de se conectar de uma forma única por meio do afeto, os avós transmitem sua sabedoria, valores e tradições familiares. Por sua vez, os netos enchem a vida dos avós de alegria, numa troca que traz benefícios para os dois lados.

Essa conexão, que deixa doces lembranças por toda a vida (tente se lembrar da sua própria relação com seus avós), pode gerar, no entanto, estresse e disputa com os pais da criança, caso não haja um diálogo franco entre os adultos cuidadores.

Polêmica à vista

Nos fóruns e grupos de mães na internet, um dos assuntos mais polêmicos é a relação com os avós de seus filhos – pais, sogros ou ex-sogros. Fala-se muito que os avós estragam os netos, mimando-os com doces e presentes, que desautorizam os pais, alterando as regras da família e desrespeitando os limites definidos e, em alguns casos, até botam os filhos contra os pais, criticando-os abertamente na frente dos pequenos.

Quando há esse tipo de embate, a criança pode ficar confusa, porque ama muito tanto os pais quanto os avós. Ao ouvir críticas agressivas de um lado ou de outro ("seus avós estragam você", "a mãe maltrata aquele menino com tantas regras"), o pequeno muitas vezes não entende que são pontos de vista diferentes, pois ainda não tem maturidade para esse tipo de análise, e acaba ficando em dúvida sobre o amor dos adultos por si ("será mesmo que meus avós me fazem mal?", "por que minha mãe me maltrata?").

Vivências enriquecedoras

Quando estiver chateado com a conduta dos avós em relação a seus filhos, lembre-se de que nada terá tanto impacto na formação das crianças quanto o que é ensinado pelos pais – por meio de palavras e, principalmente, de exemplos.

Não é um presente ou um doce fora de hora que vai arruinar toda a educação dada pelo pai e pela mãe. Quando os pais entendem isso, se libertam das cobranças excessivas e podem dar a oportunidade aos filhos de ter vivências externas a seu núcleo familiar básico, o que é extremamente enriquecedor para o desenvolvimento do indivíduo.

Quando as crianças vão para a casa dos avós ou fazem um passeio com eles, é possível relaxar um pouco nas regras (ex.: ver mais televisão que de costume). Mas é possível também conversar com os avós e explicar o que não é negociável para a família (ex.: assistir a programas impróprios para a idade dos pequenos).

Quando a convivência com os avós é prejudicial

Caso perceba que o tempo que seus filhos estão passando na casa dos avós está atrapalhando em algo, converse primeiro com a criança (se já for maiorzinha), explicando por que não é bom passar o dia todo jogando videogame, por exemplo. Assim, ela mesma poderá explicar as regras importantes naquela família para os avós.

Se as crianças são pequenas ou se o diálogo com elas não está adiantando, é hora de ter uma conversa franca com os avós. Faça isso reservadamente, de preferência longe de seus filhos.

Com carinho e empatia, fale exatamente o que o incomoda, sem generalizar, deixando clara sua necessidade não atendida (ex.: em vez de "você não cuida bem da minha filha, assim ela não vai almoçar mais na sua casa", que tal algo como "ontem Mariana disse que almoçou só batata frita; quero te pedir para você oferecer a ela outras opções como cenoura e couve-flor, que ela gosta, da próxima vez").

Tenha sempre em mente que, em geral, os avós cometem erros com as melhores intenções, sem o intuito de desautorizar os pais. Quando os pais se dão conta disso, conseguem não acusar os avós – e estes, por sua vez, tendem a adotar uma postura mais colaborativa.

Avós que se sentem julgados

É comum também que os avós estranhem a forma de educar as crianças hoje, enxergando nas diferenças de criação uma afronta à forma como eles criaram os próprios filhos, na sua época.

Para evitar esse sentimento de crítica e julgamento que só leva a mágoas desnecessárias, não entre em discussões como "você me deu refrigerante na mamadeira, veja como estou hoje". Em vez disso, mostre que não há certo nem errado, mas apenas que suas escolhas são outras, e não há problema nisso.

Uma boa forma de abordar o assunto é falar das descobertas científicas atuais, das teorias que eram desconhecidas nas outras gerações e que hoje norteiam a criação de filhos. Se os avós derem abertura, mande links de blogs e artigos científicos, empreste livros sobre maternidade que apresentam uma perspectiva mais moderna.

Quem sabe até você pode ganhar aliados, já pensou?

Cinco mitos na criação de filhos

Ao longo da vida, ouvimos inúmeras verdades absolutas a respeito da criação de filhos: "quem tem um filho, não tem nenhum", "meninos são corajosos, meninas são obedientes", "criança não tem querer"... Até que nos tornamos pais e nos surpreendemos com um bebê de personalidade forte, uma menina corajosa, ou até com o desejo de não ter mais filhos.

A partir daí, os pais podem escolher: sofrer com a contradição entre a expectativa e a realidade ou pesquisar, se informar, se permitir mudar de opinião, abandonar conceitos e preconceitos.

Confira aqui cinco mitos na criação de filhos:

1. Amor demais estraga.

Quantas pessoas você conhece que tiveram problemas na vida por terem sido amadas demais? E quantas conhece que estão doentes e deprimidas por não se sentirem amadas o suficiente? O amor, especialmente vindo dos pais, nunca é demais. Aqui cabe um esclarecimento: amor é diferente de falta de limites. Por sinal, dar limites – com respeito – é uma prova de amor, sendo necessário na criação dos filhos.

2. Mães são sempre fortes.

O mito da "mulher-maravilha" – a profissional dedicada, dona de casa caprichosa, esposa devotada, mãe zelosa – é tão popular quanto perigoso.

Essa ideia de que a mulher dá conta de tudo com perfeição e um sorriso no rosto esconde o cansaço, a frustração constante e lágrimas no travesseiro. Quando estiver triste, diga a verdade a seus filhos. Quando não estiver dando conta, peça e aceite ajuda. E sempre se ame, se acolha, se respeite e honre quem você é, em todo o seu potencial.

3. Gordura é sinônimo de saúde.

Este mito sempre vem junto de outro, "leite materno é fraco". A criança que hoje toma mamadeira com maisena e açúcar para ficar "forte" é o futuro adolescente acima do peso, provável adulto com diabetes. Se o seu filho está ativo, crescendo e se desenvolvendo normalmente, com certeza está bem alimentado.

4. Filho bom é filho obediente.

A criança que vai dormir sem reclamar, faz os deveres na hora certa e aceita todas as ordens sem argumentar pode adotar uma postura passiva na vida, sempre esperando que lhe digam o que fazer, o que é certo e errado. Dá trabalho estimular a autorresponsabilidade nas crianças, mas dá mais trabalho ter um filho adulto eternamente dependente dos pais.

5. Ele é criança, não entente nada.

O mundo está desabando e os pais insistem em dizer ao filho que está tudo bem. Dependendo da idade, a criança não entende o conceito de dívida, separação ou morte, mas certamente sabe que algo não vai bem – e, nesses casos, a tendência é acreditar que a culpa é dela.

Dizer que existe um problema, que algo no trabalho a aborreceu ou que você está com vontade de chorar não é errado. Pelo contrário, é quando a criança vê a humanidade dos pais que pode aceitar a própria humanidade.

Existe filho favorito?
Vamos falar sobre esse tabu

Se fizermos uma pesquisa com mães e pais perguntando se têm um filho favorito, provavelmente a resposta da maioria será não. No entanto, se questionarmos essas mesmas pessoas sobre sua percepção a respeito da conduta de seus pais, a maior parte vai responder que percebia haver um filho favorito entre seus irmãos.

O favoritismo por um dos filhos é um tabu que acompanha as relações familiares há gerações. Todos sentem que ele está ali, mas ninguém fala sobre o assunto. No entanto, essa é uma questão séria, que precisa ser discutida.

Um estudo realizado em 2010 por cientistas das universidades de Cornell e Purdue, nos Estados Unidos, sugeriu que a percepção de favoritismo por um filho pode reduzir a probabilidade de irmãos se apoiarem quando passam por crises na idade adulta.

Em uma rápida busca na internet sobre o tema, aparecem diversas reportagens defendendo que o filho preferido existe sim, e que isso deve ser naturalizado. No entanto, é possível perceber essa questão de uma forma diferente, mais respeitosa e empática.

Favoritismo ou afinidade?

Do mesmo modo que cada relação que temos com amigos, por exemplo, é diferente, a relação com cada filho também será única. Existem características e situações que aproximam a mãe mais de um filho que de outro – e essas circunstâncias mudam ao longo da vida.

A isso se chama sintonia, não favoritismo, e não é preciso sentir culpa por isso. Por outro lado, agir como se essa afinidade não existisse pode gerar insegurança nos filhos – e é partir daí que surge o ciúme e a disputa por quem seria supostamente o predileto, quem receberia mimos e benefícios dos pais.

Confira aqui nossas orientações para ter uma relação mais saudável com seus filhos:

1. Fale abertamente sobre a situação.

A honestidade dos pais diminui as fantasias na cabeça dos filhos. Deixe os pequenos se expressarem sobre isso, e fale também sobre seus sentimentos de maneira clara. Por exemplo: "Gosto muito de pintar, como seu irmão, e isso nos aproxima naturalmente. Mas também podemos ter uma diversão só nossa. Que tal passearmos de bicicleta?"

2. Não compare.

O filho cujos pais o comparam constantemente usando o irmão como exemplo se sente desvalorizado, como se nunca fosse bom o suficiente. O tratamento entre os filhos (independentemente da diferença de idade) não precisa ser igual, mas deve ser justo, respeitando as necessidades individuais. Um exercício interessante é: quando for chamar a atenção de um filho, tente não usar o nome dos outros. Assim, ele vai se sentir olhado pelo que é verdadeiramente, não em comparação aos demais. Isso também vale para os elogios.

3. Sempre que puder, separe algum tempo de qualidade com cada filho.

É uma oportunidade de ele se sentir especial e de você conhecê-lo melhor.

4. Demonstre amor também na dificuldade.

Há uma tendência natural nos pais de apreciarem naquele momento o filho que está cumprindo suas expectativas, que "não dá trabalho". No entanto, geralmente quando os pais estão tendo mais dificuldade de apreciar um filho, esse provavelmente é o filho que mais está precisando se sentir amado.

5. Não rotule.

Ter mais de um filho faz você perceber que aquele considerado mais "difícil" é o que mais te faz crescer. Se fica presa à dicotomia do "filho bonzinho" e do "filho malvado", a mãe perde uma grande oportunidade de mudar seus conceitos e se tornar uma pessoa melhor. Além disso, as crianças e adolescentes podem acabar se "moldando" para caber no espaço destinado a si, em vez de aproveitar a convivência com os irmãos para se apoiarem mutuamente e evoluírem.

Seus filhos brigam o tempo todo?

Não, não é só na sua casa. Quem tem mais de um filho sabe: irmãos brigam. Diante dessa situação, muitos pais pensam: "Tivemos o segundo filho para dar um companheiro ao primeiro. E agora, eles vão brigar a vida toda?"

Bem, vamos por partes. Em primeiro lugar, em qualquer relação profunda – e a relação entre irmãos é das mais profundas que existem – há discordâncias, desavenças, sentimentos ditos "negativos", como raiva, decepção, frustração, ciúmes (e aqui usamos entre aspas porque não existem sentimentos positivos ou negativos, permitidos ou proibidos: sentimentos existem, e é nossa responsabilidade lidar com eles, mas não calá-los ou escondê-los).

O segundo ponto a ser considerado é: cada indivíduo é único – isso vale até para irmãos gêmeos idênticos. Assim, não é porque um filho começou a andar aos 10 meses que o outro vai fazer o mesmo. E isso se aplica a tudo: alimentação, comportamento, desempenho na escola etc.

A partir daí, o que os pais podem fazer para estimular um relacionamento de harmonia e respeito entre os irmãos (sabendo que as brigas provavelmente vão continuar a existir – inclusive na vida adulta –, e que isso por si só não indica que exista algum problema na relação)?

Confira aqui nossas orientações:

1. Não tome partido.

Quando as crianças estiverem brigando entre si, controle o impulso de se transformar em juiz, ouvindo as queixas e decretando culpados e inocentes. Em vez disso, empodere seus filhos, dizendo algo como: "Sei que essa é uma situação difícil, mas tenho certeza de que vocês são capazes de resolvê-la conversando."

Caso perceba que alguém pode se machucar, não se omita. Lembre que a regra da família é não bater em ninguém, e assim que os ânimos estiverem mais calmos deixe que os irmãos decidam como resolver a questão.

2. Não rotule.

Os rótulos, inclusive os "positivos" (boazinha, estudioso, obediente), são prejudiciais. Na relação entre irmãos, quando há o "bagunceiro" e o "calminho", o "esperto" e o "bobinho", o "provocador" e a "vítima" – ou seja, a dicotomia marcada, indicando claramente qual filho está de acordo com a expectativa dos pais e qual não está –, a disputa entre os irmãos provavelmente vai se acirrar, com prejuízos para toda a família.

3. Não incentive a competição.

Frases como "seu irmão já acabou de comer, você ainda está na metade do prato", "sua irmã chegou em casa e foi direto fazer o dever de casa, você nem começou o seu" mandam para as crianças a mensagem de que é preciso superar o irmão a cada dia, em todas as esferas da vida. Em vez disso, valorize os comportamentos positivos de cada filho, usando como balizador apenas as características dele próprio (de preferência, sem usar o nome do irmão).

Ex.: "Vi em seu boletim que você se superou em matemática neste bimestre, deve estar orgulhoso de si mesmo" (em vez de "sua nota em matemática aumentou, daqui a pouco vai alcançar sua irmã"). Isso também vale para jogos ou atividades diárias (é mais eficaz dizer "vamos todos chegar bem rápido ao elevador para irmos visitar a vovó" no lugar de "quero ver quem chega mais rápido ao elevador").

Meu filho tem poucos amigos, o que fazer?

Existem crianças naturalmente extrovertidas, que se aproximam de coleguinhas e adultos com facilidade, estão sempre rodeadas de gente. Da mesma forma, há aquelas que têm um temperamento mais retraído, que precisam de tempo para se sentir à vontade com um grupo e, geralmente, mais ouvem que falam numa conversa. Essas diferenças de comportamento são normais e fazem parte da personalidade de cada indivíduo.

Em primeiro lugar, é importante entender se esse incômodo é da criança ou dos adultos. Afinal, algumas crianças têm poucos amigos, sim, mas esse não é um problema para elas. Temos uma tendência a comparar os expansivos com os tímidos, criticando estes, como se só houvesse um comportamento certo. A grande questão é: seu filho está feliz com os amigos que tem?

Quando há um problema

Se a resposta for não, provavelmente o comportamento introvertido está relacionado a alguma insegurança. Nesse caso, muito pode ser feito para ajudar essa criança a deixar de se isolar. Estudos já comprovaram que existem as tendências de cada indivíduo; independentemente disso, contudo, as habilidades sociais podem ser aprendidas ao longo da vida.

No artigo "Habilidades sociais na clínica psicológica", Silva cita Caballo (2016) ao afirmar que "a infância é considerada um período crítico para aprender as habilidades sociais, pois as práticas educativas da família, da escola e do meio social no qual [a criança] está inserida são as principais condições para a aquisição e o aperfeiçoamento dessas habilidades".

Ouvidos atentos

Em primeiro lugar, é importante ouvir a criança, perguntar a ela quais são seus desconfortos, temores e receios. Quando os pais entendem do que o filho tem medo (de ouvir alguma coisa ruim ou de que façam algo desagradável com ele, por exemplo), podem pensar juntos em como solucionar a questão.

Nessa conversa, os pais não vão dar respostas prontas ao filho, nem ensinar a ele como fazer, mas levar a criança a encontrar a própria forma de verbalizar, interagir e resolver suas dificuldades. Também não adianta encorajá-la com conceitos abstratos, como "seja confiante", pois o pequeno ainda não tem condições – neurologicamente falando – de compreender isso.

O que ajuda, nesse caso, é trabalhar no processo de autoconhecimento da criança, para que ela se sinta mais segura. Acolha e valide o sentimento infantil – quando os pais negam o sentimento ou o menosprezam, com frases do tipo "essa briga com seu colega não foi nada de mais, amanhã vocês já estarão brincando de novo", a tendência é deixar a criança mais ansiosa.

Como auxiliar seu filho

Fazer pequenas dramatizações da situação difícil (ex.: como pedir para entrar numa brincadeira) pode ajudar. A criança faz seu próprio papel e o adulto interpreta o amiguinho. Assim, ela pode treinar como agir e o que responder quando estiver cara a cara com o colega.

Outra forma de ajudar seu filho é propiciando oportunidades de contato social (no *play* do prédio, na pracinha, em eventos com outras crianças). Nessas ocasiões, evite levar o game, *tablet* ou outro *gadget* que possibilite a ele ficar em seu mundinho.

Se seu filho concordar, convide outras crianças para sua casa. Assim, pode ser mais fácil para ele socializar em seu próprio ambiente (importante: não faça isso de surpresa).

Agora, se a criança deseja ficar sozinha em alguns momentos e parece feliz assim, não se preocupe. Para algumas pessoas, estar consigo mesmas pode ser a melhor companhia. O mais importante é que a criança possa ter escolha, em vez de aceitar uma situação desconfortável por considerá-la impossível de mudar.

Como incentivar a gratidão nos filhos?

De maneira geral, os pais se preocupam em formar filhos que sejam bons cidadãos, empáticos, preocupados com o bem-estar comum e que saibam valorizar o que têm. Mas, na prática, muitas vezes fazem isso de maneira ineficaz, com frases do tipo: "Você deveria ser grato! Sabe quantas pessoas não têm casa nem comida?"

No entanto, ao ouvir esse tipo de coisa, a criança não se sente grata, mas culpada.

Outra crença comum entre os pais é que transmitir o valor da gratidão aos filhos se resume a ensinar as crianças a dizer "por favor" e "obrigado". Essas expressões, sem dúvida, têm importância fundamental na vida em comunidade, mas dizem mais de uma polidez no trato social do que efetivamente de um incentivo à gratidão.

Descobertas científicas sobre a gratidão

A Dra. Christine Carter, socióloga da Universidade de Berkeley na Califórnia, tem centrado seu trabalho na felicidade dos indivíduos. Ela analisa que de 40% a 50% das emoções positivas que experimentamos são intencionais, e a gratidão é uma delas.

Quando esse sentimento de gratidão é verdadeiro – mesmo não sendo espontâneo, mas estimulado intencionalmente – a pessoa, em geral, se sente mais feliz, tem um nível maior de bem-estar físico e mental e uma vida mais próspera –, independentemente das circunstâncias externas. A Dra. Christine defende, inclusive, que estimulemos a gratidão mesmo quando não nos sentimos felizes.

Outro ramo da ciência que estuda a gratidão é a psicologia positiva. De acordo com os estudos desses pesquisadores, o sentimento de gratidão gera uma predisposição a ter comportamentos mais interativos, o que interfere na melhoria dos relacionamentos de maneira geral.

Cada um a sua maneira, cientistas e líderes espirituais dizem basicamente a mesma coisa: é possível experimentar o sentimento de contentamento, independentemente de se estar ou não feliz; estar disponível para viver o que há no momento presente, agradecer pelas oportunidades de melhorar como ser humano. O que não significa se acomodar, mas sim saber dar valor ao que você já tem em vez de ficar pensando no que lhe falta.

Gratidão na prática

Os filhos aprendem a ser gratos quando percebem esse exemplo nos pais – ao reconhecerem as atitudes cotidianas dos pequenos, como colaborar para a limpeza e arrumação da casa. Mas também quando os pais dizem aos filhos frases como "obrigado por você ser meu filho"; "obrigado por fazer parte da minha vida".

A maioria dos pais e mães sabe o quanto se sente grata pela vida dos próprios filhos, mas poucos o expressam claramente, e já se sabe que verbalizar isso tem um impacto surpreendente na conexão familiar.

Quando fazemos exercícios de gratidão e os repetimos até que se tornem um hábito, passamos a ter uma percepção maior do que há de bom em nossas vidas. Isso reverbera tão profundamente que impacta em nossa evolução pessoal.

Há um exercício de gratidão individual bem interessante que funciona assim: escreva diariamente, antes de dormir, três coisas que aconteceram naquele dia pelas quais você é grato (é importante que seja escrito).

Outro exercício simples e que pode ser feito por crianças e adultos é o potinho da gratidão. Para criá-lo, é só pegar um pote, de preferência transparente, e combinar de todos colocarem dentro dele algo pelo qual são gratos todos os dias (se no início for difícil de lembrar, podem botar alarmes no celular).

Depois, em momentos de dificuldade ou no fim do ano (a critério da família), todos juntos abrem o pote e desfrutam desse momento de lembrar seus próprios motivos de gratidão e descobrir os motivos dos outros membros da família.

"Meus filhos não dormem cedo!"

Chegou a hora de dormir. É nesse momento que as crianças querem contar como foi o dia (em detalhes!), reclamar sobre algo que desagradou, mostrar o que aprenderam na escola, questionar por que o príncipe deu um beijo sem consentimento na Branca de Neve, decidir a roupa do dia seguinte ou até o tema da festa de aniversário do ano que vem.

O tempo vai passando e o pai olha para o relógio, impaciente, pensando nas roupas para lavar, na pia cheia de louça ou no relatório de trabalho a terminar. Ato contínuo, a mãe se lembra do filho da prima daquela vizinha que dorme sozinho desde os 2 meses de idade e começa a elucubrar o que pode estar fazendo de errado para que o seu, aos 7 anos, ainda dê tanto trabalho para se deitar.

Se esse tipo de situação é familiar para você, entenda a importância de reverter urgentemente essa situação.

O tempo de sono insuficiente para crianças está associado a uma série de consequências que podem ser graves, tais como: déficit de atenção, irritabilidade, dificuldades de aprendizagem e até mesmo obesidade infantil. Isso ocorre porque a privação de sono influencia diretamente na produção hormonal dos pequenos, o que afeta necessariamente todo o funcionamento do organismo.

Uma grande quantidade de pais se queixa por não conseguir fazer os filhos dormirem. Isso começa a ser mais frequente a partir da entrada da criança na escola, mas também pode se apresentar antes.

As pesquisadoras Isabel Madeira e Leda Aquino (no artigo "Problemas de abordagem difícil: 'não come' e 'não dorme'") apontam que essa questão está associada, na maioria das vezes, à rotina de sono estabelecida pelo sistema familiar. Dessa forma, entendemos que é um problema que pode ser trabalhado com alto índice de sucesso pelos KidCoaches junto às famílias.

De maneira geral, os fatores do sistema familiar que influenciam no sono da criança incluem a organização do ambiente, bem como sua iluminação, os horários de alimentação, a preparação para dormir, a realização de atividades inadequadas perto da hora do sono, falta de estabelecimento de limites claros pelos pais e de insistência para o cumprimento da rotina saudável combinada.

É comum também que os pais, muito envolvidos com uma grande carga horária de trabalho, possam se sentir culpados por estar pouco tempo com seus filhos e acabem cedendo a todo tipo de exigência da criança na hora de dormir, o que pode ser extremamente prejudicial a ela própria.

Também foi apontado neste artigo que o uso de rádio e televisão para auxiliar a criança a dormir é danoso, pois a criança associa esse estímulo ao sono e se torna dependente dele. Além do mais, a exposição a telas pode causar o efeito contrário: despertar a criança em vez de induzi-la ao sono, ou induzi-la a um sono superficial, incapaz de alcançar as fases mais profundas.

Como lidar?

Para ajudar a criança a dormir podem ser utilizados com eficiência alguns exercícios de relaxamento específicos para a faixa etária, que vão ensiná-la a se tornar consciente de sua respiração e de seu corpo de forma lúdica. É importante dizer que o uso de medicamentos para induzir o sono em crianças somente deve ser utilizado em última hipótese, pois podem causar dependência física e emocional para o resto da vida. Se for necessário o uso de medicação, é imprescindível o acompanhamento médico adequado e o cumprimento das orientações médicas à risca.

O KidCoach:

Fará perguntas para trazer à consciência e ao entendimento dos pais como ocorre a dinâmica familiar no que diz respeito à rotina do sono, bem como as questões do relacionamento entre familiares que podem interferir no sono da criança. A partir desse ponto, o profissional vai estimular os pais a encontrarem novas atitudes e ações que correspondam ao objetivo de levar seu filho a uma rotina naturalmente saudável de descanso e sono.

Desenvolvimento infantil

A partir de mais ou menos 10 meses, a vida social do bebê se intensifica. Ele reconhece as pessoas já desde os 8 meses, estranha as pessoas com quem não convive com frequência e, daí em diante, interage cada vez mais com as pessoas e com os estímulos que percebe no mundo como sendo extremamente interessantes.

Esse mundo atrativo e entusiasmante faz com que o cérebro infantil experimente conexões que servirão para construir memórias significativas de longo prazo e traz enorme excitação mental, muscular e hormonal, podendo haver períodos de dificuldade para conciliar o sono.

Com o passar dos anos, uma criança vívida e com desenvolvimento saudável se interessa mais e mais pelas experiências que o estado de vigília oferece. Quanto mais estimulada, mais animada e ativa ela fica, menos quer se desligar do ambiente externo e se entregar ao repouso.

A partir dos 2-3 anos, a criança consegue acompanhar diálogos que os pais podem travar com ela, auxiliando-a a ver as possíveis perdas que terá por não descansar e por não repousar o suficiente, e também os ganhos que obterá em deixar-se levar para a cama.

Use perguntas do tipo:

— Você conseguirá brincar amanhã com sono?

— O que você perde na escola amanhã por sentir sono ou ficar sem energia?

— Se você dormir agora e descansar bem, quais brincadeiras vai estar mais disposto para criar com seus amigos amanhã na escola?

— Como você precisa estar amanhã para brincar bastante?

— O que você vai ganhar indo dormir agora?

— O que você ganha por ficar acordado e estar cansado na escola?

— Se formos dormir mais cedo, o que poderemos fazer amanhã?

— Para você brincar de tudo o que gosta amanhã vai precisar estar como?

As perguntas a seguir ajudam a criança a compreender o que é tão bom e prazeroso que pode sabotar seu descanso. A partir dessa descoberta, os pais podem conversar e encontrar alternativas junto com a criança para que ela continue obtendo os prazeres que sente em estar desperta e, ao mesmo tempo, alterar o comportamento sabotador:

— O que você gosta tanto de fazer que é mais gostoso ou mais legal que dormir e descansar?

— O que podemos fazer para você conseguir aproveitar tudo isso de que gosta tanto estando mais animado?

— Como podemos tornar seu soninho mais gostoso e divertido? Com o que seria muito gostoso sonhar?

Os adultos cuidadores da criança precisam estar num estado de paz e calma para fazer as perguntas anteriores e para conseguirem conduzir a criança para a cama. Definitivamente, não será com briga nem com voz alta que a criança dormirá mais, adormecerá mais depressa ou mais cedo.

Seguir rotina e ter disciplina quanto aos horários de alimentação, higiene e sono são extremamente organizadores para o bem-estar da criança. Ao criar hábitos, a criança aprende com maior facilidade o que deve ser feito e de que maneira será melhor para ela própria e para o seu ambiente funcionar melhor. E isso lhe trará sossego, paz e tranquilidade.

Os pais podem definir o que eles entendem como sendo o melhor para seu filho e para a rotina doméstica, fazendo combinados e regras de horários e pequenos rituais para a criança entender que está na hora de silenciar a mente e adormecer.

Os pais devem usar voz firme, segura e ao mesmo tempo tranquila na hora de fazer valer o combinado. Ex.: "Filho, agora são 9 da noite e você vai dormir para estar bem-disposto ao acordar amanhã."

A hora de dormir não tem que ser um momento dramático. Ao contrário, pode e deve ser uma oportunidade de conexão entre o cuidador e a criança, e de relaxamento para ambos. Ao colocar a criança na cama, use intencionalmente alguns minutos com atividades que farão a criança descansar melhor, como: visualizações, contação de histórias, músicas cantadas, orações (pode ser também um ritual de agradecimento, caso a família não seja religiosa), ou até recitar números em tom monótono (a famosa técnica de contar carneirinhos – ou super-heróis, ou sapatos de uma centopeia).

"Meu filho se cobra demais, o que fazer?"

Há crianças que parecem ter uma predisposição à autoexigência além do que é saudável. Desde cedo demonstram ter expectativas irreais e tanto medo de falhar em seus objetivos que muitas vezes isso as impede até de se aventurar em novos desafios.

Na escola, por exemplo, as crianças perfeccionistas costumam ser ótimas alunas, obtêm boas notas, mas nem conseguem celebrar suas conquistas, já que seu foco constantemente está no que não foram capazes de obter.

Essas crianças se impõem metas irreais e, quando falham (ou não alcançam a perfeição esperada), sentem isso como uma grande e irreversível derrota. A ansiedade pelo resultado (e, consequentemente, pelo reconhecimento externo) causa frustração, gerando um ciclo vicioso de preocupação, medo e decepção contínuos.

O que diz a ciência

Uma pesquisa feita na Universidade de Poitiers, na França, com alunos do 6º ano, demonstrou que as crianças podem ter um desempenho melhor na escola e se sentir mais confiantes sobre si mesmas se forem informadas pelos adultos de que o fracasso é uma parte normal do aprendizado – ou seja, a valorização do esforço acima das características intrínsecas, como inteligência ou beleza.

No estudo, os estudantes que receberam orientações sobre o erro ser uma parte da trajetória para chegar ao acerto tiveram melhores resultados – tanto nas atividades mais fáceis quanto nas mais difíceis. A partir desse experimento, podemos perceber que a maneira com que o adulto lida com o erro e com o acerto vai influenciar na visão da criança sobre o assunto.

A importância do exemplo

A autocobrança muito elevada geralmente está relacionada a uma necessidade grande de aprovação e validação externas – principalmente dos pais. Os pais, com as melhores intenções, muitas vezes elogiam o sucesso do filho, não o esforço para obtê-lo.

Dessa forma, pode se instalar na criança uma crença de ter nascido naturalmente inteligente, corajosa, habilidosa. Mas, paralelamente a isso, surge também um medo: "E se minha mãe descobrir que eu só sou bom em vôlei, mas sou péssimo em futebol?" Assim, a criança cresce dentro de sua faixa de conforto, sem nunca arriscar algo novo.

Há ainda os pais que não têm esse tipo de comportamento com os filhos, mas cobram demais de si mesmos (precisam ser os melhores no trabalho, cozinhar com perfeição e até terem resultados brilhantes em seus *hobbies*). A criança percebe esse padrão familiar e naturalmente o espelha para si.

Como ajudar na prática

Para auxiliar a criança, os pais podem ter conversas claras com o filho sobre o assunto. Nessas conversas, pai e mãe ajudam o pequeno a ver-se no comparativo consigo mesmo. Para isso, não é preciso recorrer a elogios vazios de sentido (tipo: "você é lindo", "como você é esperto"), mas trazer fatos, lembrando desafios que a criança já ultrapassou por meio de esforço e comprometimento.

É importante também falar que ninguém consegue se destacar em tudo, mas apesar disso é possível, sim, sentir prazer em muitas coisas (ex.: você não precisa ser cantor profissional para gostar de cantar em casa, entre amigos, no karaokê).

É fundamental que a criança saiba que, independentemente do resultado que obtiver em qualquer coisa que deseje fazer, sempre vai contar com o amor dos pais – o que é bem diferente de valorizar a mediocridade ou a falta de esforço. Essa é uma conversa necessária e contínua, até a criança se sentir mais pronta para ousar.

Meu filho pequeno ainda não fala, devo me preocupar?

A os 2 anos, a filha da vizinha já canta o hino nacional e seu filho, da mesma idade, ainda fala palavras soltas, que nem sempre são compreendidas pelos adultos? Quando esse tipo de situação acontece, muitos pais ficam ansiosos, apreensivos e se perguntam: "Isso é normal?" No outro extremo, os pais que se pautam exclusivamente pela máxima de que "cada criança tem o seu tempo" podem estar, sem querer, negligenciando o filho.

No artigo "Aquisição e desenvolvimento da linguagem: dificuldades que podem surgir neste percurso"*, Mousinho *et al.* analisam os fatores que podem interferir no processo de fala da criança. Entre eles estão o atraso simples de linguagem, desvio fonológico, distúrbio específico de linguagem, alterações na fluência e alterações semântico-pragmáticas – dificuldades que, se não avaliadas e tratadas por um profissional especializado, podem trazer prejuízos à aprendizagem escolar.

Questão multifatorial

Nesse trabalho, as pesquisadoras afirmam que o desenvolvimento normal ou tardio da fala, assim como o da maioria das habilidades humanas,

---

* Aquisição e desenvolvimento da linguagem: dificuldades que podem surgir neste percurso". Disponível em: revistapsicopedagogia.com.br/detalhes/310/aquisicao-e-desenvolvimento-da-linguagem--dificuldades-que-podem-surgir-neste-percurso#:~:text=Aquisição%20e%20desenvolvimento%20da%20linguagem%3A%20dificuldades%20que%20podem%20surgir%20neste%20percurso,-Renata%20Mousinho1&text=A%20aquisição%20da%20forma%2C%20conteúdo,que%20podem%20interferir%20neste%20curso

não é determinado apenas por fatores congênitos, tendo muita influência do contexto cultural em que o indivíduo se encontra, como, por exemplo, a quantidade e qualidade dos estímulos a que é exposto, especialmente na infância. Outros fatores que podem interferir na aquisição da fala são uso prolongado de chupeta, respiração oral, alergias respiratórias e alimentares, problemas sensoriais e auditivos, e prematuridade.

De modo geral, aos 2 anos a criança aprende a formar as primeiras frases. Aos 3, fala frases completas, e entre 4 e 5 anos desenvolve o domínio sobre a fala, sendo capaz de expressar qualquer fonema. Quando isso não acontece, é um sinal de que é preciso ter atenção. A boa notícia é que, caso não sejam identificadas síndromes ou patologias (ex.: transtorno do espectro autista), o mais comum é que o atraso na fala seja um problema transitório.

Mousinho *et al.* analisam que, quando algum tipo de atraso ou distúrbio é diagnosticado, o ideal é que seja tratado precocemente (até os 5 anos de idade), antes da entrada no ensino formal, quando as demandas são maiores e, também, maior será o tempo a ser resgatado.

O papel do comportamento

Desde bebê, o indivíduo começa a captar a comunicação verbal e gestual dos adultos a sua volta. Primeiro tem início a compreensão desses signos e só depois vem a fala, que começa com balbucios, vai para as palavras soltas e, por fim, chega às frases completas.

Aqui reside um fator importante para que haja atraso na fala. Quando os pais poupam a criança do esforço de colocar em palavras a mensagem que quer transmitir, mesmo com as melhores intenções, podem estar prejudicando o pequeno. Isso acontece porque o cérebro sempre busca maneiras de economizar energia.

Nesse caso, quando a criança apontar para o brinquedo, em vez de dizer a ela: "Você quer o carrinho? Aqui está", os pais podem esperar que o pequeno diga, estimulando-o com frases do tipo: "O que você quer? Lembra o nome desse brinquedo?"

Quais são as consequências quando os pais brigam na frente dos filhos?

Não existe relação duradoura que não tenha conflitos – e até confrontos. Dito isso, é normal que casais briguem vez ou outra, por motivos importantes, como a forma de criar os filhos, ou triviais, como a louça suja.

Quando esses casais têm filhos, frequentemente se perguntam se essas discussões podem ter impacto negativo sobre as crianças. A questão, dizem os estudiosos no assunto, não são as discussões em si, mas como elas se dão e com qual frequência.

Gordon Harold, professor de Psicologia da Universidade de Sussex (Reino Unido) e autor do estudo "How Family Relationships Affect Children's Early Development: Unpacking Nature from Nurture"[*], analisa que os conflitos interparentais e a violência doméstica estão entre os principais fatores familiares que mais afetam as crianças.

Quando essas brigas são frequentes e/ou intensas, podem causar consequências sérias nos filhos, como depressão, transtornos de conduta, automutilação, uso indevido de substâncias, psicose, fracasso escolar e até suicídio, afirma Harold.

O professor atesta inclusive que esses danos podem acontecer independentemente de serem filhos biológicos ou adotados; de os pais morarem juntos ou separados; e de se tratar de violência física ou psicológica.

---

[*] "How Family Relationships Affect Children's Early Development: Unpacking Nature from Nurture". Disponível em: https://www.childreninwales.org.uk/wp-content/uploads/2017/08/Gordon-Harold.pdf

Importante: não se pode afirmar que a totalidade dos filhos de pais que brigam vão sofrer com isso. No comportamento humano, não existe uma regra universal, mas é possível dizer que existe, sim, uma tendência nesse sentido.

O divórcio, ao contrário do que se imagina, não parece causar traumas nos filhos. Um estudo da Universidade de Cardiff, no País de Gales, demonstrou, no entanto, que as discussões que ocorrem antes, durante e depois do divórcio causam, sim, danos às crianças.

Os sentimentos mais comuns das crianças que presenciam brigas entre seus pais são de medo, culpa e abandono. O medo pode ser pelo fato de o pequeno não saber se o pai pode machucar a mãe ou se ele próprio pode ser ferido. O filho pode até acreditar que fez algo de errado – daí a culpa.

O sentimento de abandono costuma aparecer em casos mais graves, quando a criança se sente emocionalmente negligenciada, ou mesmo esquecida em suas necessidades físicas, como de higiene e alimentação, quando os pais estão tão magoados que acabam se ensimesmando e esquecendo os cuidados básicos com os filhos.

Nessas três situações, as reações infantis podem ser de revolta, com birras e gritos, ou de abatimento (quando a criança se torna quieta, com semblante fechado). São comuns também afastamento social e baixa performance escolar.

Uma briga de casal não necessariamente tem gritos, ofensas ou ameaças. Ignorar a presença do cônjuge ou não levar em conta suas necessidades também são atitudes violentas, e as crianças facilmente percebem o clima de hostilidade entre seus pais. Por outro lado, os pais ensinam muito aos filhos quando conseguem resolver seus desentendimentos de forma respeitosa e honesta, por meio do diálogo, servindo de modelo de relacionamento saudável para os pequenos.

Como lidar com a criança
que quer tudo o que vê?

Quando você sai à rua com seu filho, a frase que mais ouve é "eu quero", seguida de gritos, choro, birra e pirraça? Saiba que você não está sozinha. Muitas mães se preocupam com essa atitude consumista das crianças, mas não sabem como ajudá-las.

Uma das maiores causas para esse comportamento generalizado é a publicidade voltada para os pequenos. Quem não lembra da propaganda das tesouras do Mickey e da Minnie, no início dos anos 1990, em que um menino passava 15 segundos repetindo a frase "eu tenho, você não tem"?

Esse comercial foi um marco na história da publicidade brasileira, e acendeu uma luz para o fato de que a publicidade voltada ao público infantil poderia ser muito prejudicial para as crianças.

De lá para cá, ONGs e membros da sociedade civil iniciaram um movimento de pressão para exigir regras mais rígidas no controle à divulgação de produtos para crianças. O grande desafio hoje, eles dizem, é endurecer as regras da publicidade na internet.

A iniciativa Criança e Consumo, braço do Instituto Alana criado com o objetivo de minimizar e prevenir o consumismo na infância, divulga dados alarmantes:

- Um terço das pessoas que acessam a internet em todo o mundo são crianças. (Fonte: Unicef)

- Em 95% dos vídeos no YouTube voltados para crianças até 8 anos, há alguma forma de publicidade ou pelo menos dois anúncios que interrompem o conteúdo. (Fonte: Pesquisa do Common Sense Media em parceria com a Universidade de Michigan)

Observe outro fator que colabora para essa situação:

Na família contemporânea, as crianças se encontram fragilizadas e enfraquecidas devido à necessidade dos pais de agradá-las demasiadamente para compensar o fato de que sua jornada de trabalho os impede de dar a atenção necessária aos filhos. Com isso, essa sociedade cria mecanismos compensatórios na busca de poupar as crianças da ausência afetiva e educativa dos pais.

Entre esses mecanismos podemos citar: permissão de tempo excessivo de uso de telas; permissão de atividades sociais que não seriam próprias para a criança; fornecimento de brindes e presentes frequentes; permissão de alimentação inadequada e em horários impróprios; permissão de extensão do horário de brincadeira em vez de dormir, entre outros.

Como consequência disso, vemos crianças vivendo um fácil descarte de bens de consumo, concomitante a uma forte necessidade de obter produtos exageradamente anunciados como sendo a única forma de se inserir socialmente.

Essas crianças passam a sentir falta de algo que de fato não faz falta em sua rotina, exigindo bens de consumo às vezes até bem caros, como um iPhone último tipo, porque os amigos já adquiriram. Dessa forma, as reais necessidades da infância como troca, brincadeira, afeto, ar livre vão sendo deixados de lado.

A esse respeito, fazemos um alerta: querer agradar a criança por conta da falta de convivência poderá dificultar, posteriormente, o entendimento do jovem quanto às relações que não envolvam trocas materiais, mas sim trocas afetivas e, principalmente, impedir que esse indivíduo estabeleça um processo natural autorregulatório nos cuidados sobre sua saúde física e emocional.

Como os pais podem lidar com isso?

1. Permitindo a frustração das crianças, de modo a ajudá-las a aprender como lidar com as consequências de desejos não conquistados. Assim, ainda que contrariadas, serão capazes de prosseguir e encontrar novas soluções para os inevitáveis impasses que a vida traz e trará.

2. Ensinando valores e auxiliando as crianças a descobrir o que lhes traz real e efetivo bem-estar; o que podem ter de produtos que são verdadeiras necessidades e o que ultrapassa a linha tênue entre o uso e o abuso do dinheiro e do consumo.

3. Refletindo sobre quais produtos os pais podem financeiramente oferecer aos filhos, estimulando a atitude de celebração com o valor de cada conquista e mostrando às crianças que mais do que "não se pode ter tudo", vale a máxima "não há necessidade de se ter tudo".

4. Escolhendo e ajudando os filhos na escolha dos produtos, para que os bens adquiridos sejam um canal de produção de conhecimento, de aprendizado, de lazer em conjunto com outras pessoas, de convivência em família, de oportunidade de crescimento emocional e cognitivo etc.

5. Ensinando os filhos a valorizar o que têm, e não o que não têm. Dessa forma, eles não ficarão com a sensação de falta, e sim com a de presença.

Seu filho só come com o celular na mão?

rês palavras que podem provocar terror e pânico em algumas mães: HORA DO ALMOÇO. Em frações de segundo, a mente materna é invadida por gritos, choro, birra interminável e a temível frase: "não quero comer!", dita numa voz mais aguda que o habitual, entre soluços.

Diante de tamanho desafio e do receio em deixar a criança sem a alimentação adequada, muitas famílias cedem à prática cada vez mais comum do uso do celular na hora da refeição. Como que por mágica, as lágrimas infantis secam e o pratinho colorido aparece limpo em alguns minutos.

Ufa! Criança alimentada e saudável. Será?

Não exatamente, é o que afirma a Dra. Jane Rezende. A pediatra e nutróloga infantil faz um alerta sobre o uso de telas por crianças na hora das refeições.

"Todos temos naturalmente um sistema de autorregulação em relação à saciedade e à fome. Quando há o uso de qualquer tipo de tela (celular, *tablet*, televisão), esse sistema se torna comprometido porque ficamos desatentos, fazendo com que não tenhamos consciência do que e do quanto estamos comendo", analisa a médica.

A Dra. Jane explica como isso ocorre na prática: "O uso de telas durante a refeição faz com que o corpo produza mais cortisol, hormônio que interfere no metabolismo das gorduras, propiciando aumento de peso. A luminosidade das telas também interfere no metabolismo cerebral, com consequências na regulação do apetite", explica.

Olha o aviãozinho!

Em algumas famílias, o uso do celular na hora da refeição começa já na introdução alimentar, por volta dos 6 meses de idade. No entanto, a Sociedade Brasileira de Pediatria preconiza que as crianças só deveriam ser apresentadas a qualquer tipo de tela a partir dos 2 anos – sempre com supervisão de um adulto e limite de tempo por faixa etária. E importante: em nenhuma hipótese no momento da alimentação.

"Na fase oral – que vai até cerca de 2 anos – a criança experimenta o mundo primeiro pela boca. Essa é uma fase de pleno desenvolvimento cerebral, de conhecimento do mundo, em que uma parte considerável do aprendizado está relacionado ao sentido do paladar", destaca a Dra. Jane.

Transição de bebê para criança

Em outras famílias, é comum a frase: "Mas ele comia de tudo quando era bebê, de repente mudou." A pediatra explica o porquê desse comportamento: "A partir do segundo ano de vida o apetite da criança diminui, ela se torna mais seletiva devido à diminuição da velocidade de crescimento, o que pode deixar os pais desesperados para que a criança coma alguma coisa, e daí apelam para o celular."

Jane tranquiliza os pais que se sentem assim e explica que, se a criança se mostra bem-disposta, está crescendo e se desenvolvendo normalmente, não há com o que se preocupar.

Abstinência do celular

A Dra. Jane relata que, dependendo do caso, quando os pais decidem tirar o celular, a criança pode apresentar até comportamentos de abstinência – como ansiedade, agitação e choro intenso. Nessa situação tão desafiadora, Jane conta que é comum os pais cederem e permitirem a volta do velho hábito.

Aqui vamos provocar duas reflexões: talvez o uso do celular na hora de comer – que em algum momento pode ter parecido algo inofensivo – esteja começando a incomodar. Não importa por que esse hábito começou nem há quanto tempo existe, seu desejo hoje é continuar nessa situação ou trazer seu filho de volta à vida *off-line*?

Por que a criança precisa ser distraída de um passeio ou de uma refeição em família? Essa ideia acaba por tolher a oportunidade de experienciar a vida real – com tudo o que ela tem de ócio e tédio, mas também de descoberta e maravilhamento.

Acreditamos firmemente que embora largar o hábito do celular na hora de comer seja difícil, é possível e, principalmente: vale a pena.

Confira informações relevantes e orientações para quem deseja tirar o celular dos filhos na hora da refeição:

1. De acordo com pesquisa realizada no The College of Family Physicians do Canadá, refeições familiares frequentes aumentam a autoestima dos filhos e as chances de sucesso escolar. Quando a criança come olhando para o celular, perde esse momento de preciosa interação com a família.

2. Brigar para a criança sair do celular não adianta, provavelmente essa atitude só vai gerar mais resistência do pequeno. Ao contrário, se há um clima favorável em casa, a criança talvez nem se lembre do celular.

3. O exemplo dos pais é fundamental. Quando os adultos cuidadores têm o celular sempre à mão e costumam pegá-lo ao menor sinal de tédio, provavelmente os filhos farão o mesmo. Quando estiver à mesa, acostume-se a deixar o aparelho em outro cômodo, de preferência no modo silencioso.

4. A refeição não precisa ser mais um item na lista de afazeres diários, algo trabalhoso, desgastante, que a gente só espera terminar para poder dar *check*. Pode ser um momento gostoso, em família, apesar da vida corrida e repleta de demandas, com conversas que sejam também do interesse da criança, por exemplo.

5. Inclua a criança na escolha dos alimentos e no preparo. Ao criar essa relação afetiva com o momento da alimentação, a hora de ir para a mesa vai ser apenas uma continuação natural do processo já iniciado.

Oito "neuras" dos pais

Na educação dos filhos, é normal haver dificuldades na rotina, e isso acontece desde a hora que nasce aquele pequeno serzinho. Alguns pais ficam perdidos nesse manancial de situações e demandas, por isso trazemos aqui a seguinte reflexão: o que de verdade faz parte do conjunto de cuidados necessários na criação dos filhos e o que não faz?

Em primeiro lugar, apresentamos uma lista com as oito principais preocupações dos pais que entendemos como legítimas:

1. Qualidade do sono;

2. Saúde em geral (incluindo alimentação adequada);

3. Risco de abuso sexual;

4. Conteúdos e perigos da web;

5. Segurança nas grandes cidades;

6. Envolvimento com drogas;

7. Estresse e depressão;

8. Violência e *bullying* na escola.

Por outro lado, existem algumas questões mais ligadas a dificuldades dos pais do que a problemas com as crianças. São comportamentos que, se revisitados e discutidos, podem ajudar os pais a terem mais tranquilidade e resultados com seus filhos.

Oito "neuras" dos pais:

1. "Meu filho não come nada!"

Muitas vezes a criança não come na quantidade ou com a variedade que os pais gostariam ou esperavam. Quando existe uma angústia muito grande sobre a alimentação, em geral ela tem mais a ver com a percepção dos pais que com a realidade. Se os exames da criança estão normais, talvez esse seja o normal daquela criança.

2. "Será que estou fazendo tudo certo?"

Como pais, nunca vamos fazer tudo certo, até porque não dá para parametrizar o que é o "tudo certo". O que se pode avaliar é o que está funcionando com seus filhos, o que traz bem-estar a sua família. Essa expectativa tão alta sobre si mesmo gera muita angústia, que pode até ser prejudicial.

3. "Só eu sei cuidar bem do meu filho."

Há uma grande quantidade de atividades diárias a serem feitas na lida com uma criança: alimentar, dar banho, colocar para dormir, brincar, orientar nos deveres da escola etc. O pensamento de que só uma pessoa sabe cuidar bem dela traz uma sobrecarga desnecessária a esse adulto. Além disso, tira a oportunidade de o filho desfrutar do afeto, de visões diferentes e do conhecimento de outras pessoas.

4. "Às vezes tenho sentimentos ruins pelo meu filho, não sou uma boa mãe..."

Para o senso comum, ter momentos de raiva, irritação ou incômodo em relação ao filho significa não ser boa mãe. A dificuldade de lidar com esses sentimentos está ligada à percepção materna do que é certo e socialmente aceitável; quando esses sentimentos aparecem, a mulher se culpa injustamente.

No dia a dia é natural que uma pessoa que tenha dormido pouco, não tenha se alimentado adequadamente por falta de tempo e que esteja cansada se incomode por alguma atitude da criança e até mesmo sinta raiva, o que não significa que não ame seu filho.

5. "Será que estou dando tempo suficiente para meu filho?"

Não existe regra ou padrão para isso, nem algo que funcione sempre. Também não adianta brincar à força. Em vez disso, propomos que as perguntas sejam: "Quanto tempo tenho (inclusive em termos de disponibilidade emocional) para essa troca, de uma forma inteira, presente?"; "Quanto tempo quero (e não preciso) estar com meu filho?"

6. "Meu filho é normal?"

Às vezes os pais nem levaram a criança a um especialista, mas têm certeza de que há algo errado. A criança em questão não necessariamente tem alguma atipicidade (TDAH, hiperatividade ou autismo). Pode ser só uma criança com mais vivacidade ou que pensa fora dos padrões. Existe hoje na sociedade uma normalização do hiperdiagnóstico e da hipermedicalização de crianças, e é preciso atenção para não cair nessa armadilha.

7. "Se meu filho se comporta mal, o que vão pensar de mim?"

Qual a importância que tem para você a opinião dos outros sobre a sua maternidade? O mais importante é o que você pensa sobre si, como pessoa e como mãe. Pense no quanto você se dedica a seu filho e procure melhorar no que acha que pode. O que você entende que é ser uma boa mãe? Aquele padrão de "padecer no paraíso" não faz bem a ninguém. A boa mãe é aquela que está atenta, que cuida do filho e que, eventualmente, também erra. E tudo bem.

8. "Meu filho tem que se destacar, ter sucesso, ser o melhor, me dar orgulho..."

Alguns pais querem ser reconhecidos não pelo que são, mas pelos filhos que têm. Essa não é uma questão das crianças, mas quando essas crianças percebem essa necessidade, isso pode criar nelas uma tensão e um desgaste desnecessários para corresponder às expectativas dos pais.

Saídas para as neuras:

1. Analisar se a preocupação tem alguma evidência, base real ou não.

Às vezes os pais não conseguem equacionar alguma questão simplesmente porque não há nada a ser equacionado. Na dúvida, procure um profissional qualificado para obter um diagnóstico.

2. Acreditar em sua capacidade de interagir e estabelecer novos padrões de comunicação com seu filho.

3. Não repetir dentro de casa o que deu certo com os outros.

Sua família não pode ser comparada à de ninguém. Encontre o que funciona dentro dos seus princípios e valores.

4. Entender que as pessoas próximas (pais, sogros etc.) querem contribuir por amor a você e à criança que chegou na família.

É possível simplesmente agradecer e aproveitar a orientação quando esta fizer sentido para você. E, quando não fizer, expressar que aprecia o cuidado deles, mas que gostaria de seguir do jeito que você entende que deve ser. Além disso, essas outras pessoas vão encontrar seu filho esporadicamente, no fim de semana. Se a intenção é boa e não vai prejudicar seu filho, aproveite o momento de descanso.

5. Fazer ajustes sempre que necessário.

Quando perceber que uma intervenção ou interação com a criança não foi bem-sucedida, altere sua rota e siga com tranquilidade. Não existe uma verdade única e absoluta para criar filhos e, mesmo que um estilo tenha dado certo com o primeiro filho, não é garantia que dará certo com os demais que vierem.

6. Ter uma experiência de vida significativa e alegre com cada filho.

Existe a ideia de que ser mãe é "padecer no paraíso", mas a maternidade não precisa ser um padecimento, tampouco existe esse paraíso hipotético em qualquer aspecto da vida.

Tem gente que só ri e se diverte fora de casa, entende que para criar filhos é preciso ser sério, do contrário as crianças "deitam e rolam". Mas é possível ter bom humor em casa. O que é realmente importante na sua vida? Você gostaria de se divertir dentro de casa? Você pode e deve fazer isso.

7. Acreditar que a maternidade é um treino contínuo.

Você não tem obrigação de nascer sabendo tudo ou de acertar em tudo com os filhos. Ninguém nasce mãe, esse é um aprendizado.

Marcia Belmiro & Ana Clara Werneck

8. Confiar em seus instintos.

9. Não se comparar com os outros.

Mas, antes, se contactar consigo mesmo, com seus princípios, valores pessoais e com o que você pensa e acredita que realmente é bom para seus filhos.

10. Equacionar razoavelmente suas experiências passadas com seus pais.

Quando repetimos ou refutamos com veemência o que nossos pais fizeram, ainda estamos no mesmo referencial. Ao libertarmos nossos pais do julgamento e ao elaborarmos as vivências doloridas da nossa infância como filhos, poderemos nos libertar para agir como nós mesmos, e não como nossos pais.

Quando os pais se separam, como auxiliar os filhos?

Quando um casal decide se separar, frequentemente a maior preocupação é com os filhos: será que vão ficar bem? Como dar a notícia a eles? A apreensão é justificada, especialmente quando se trata de crianças, que não têm entendimento total da situação e podem sofrer grandes prejuízos com o divórcio, inclusive em seu desenvolvimento a longo prazo. No entanto, os especialistas são unânimes em afirmar que é melhor ter pais separados do que um lar de brigas constantes, indiferença e desarmonia.

Com frequência, os adultos que passam por um processo de divórcio buscam evitar que o fim da relação afete as crianças. No entanto, infelizmente isso é impossível, assim como é irreal dizer aos pequenos que nada vai mudar. Mesmo quando os pais agem com todo o cuidado e responsabilidade emocional, algumas coisas serão alteradas. Por exemplo, não é possível que a família continue a morar junto, na mesma casa, após a separação; consequentemente, a rotina das crianças vai mudar bastante.

A rotina, aliás, é um ponto importante. Saber o que vai acontecer ao longo do dia ou como será a semana é importante para o equilíbrio psíquico de qualquer criança. No caso de um divórcio, quanto mais rápido a nova rotina for implantada e explicada para a criança, melhor será a adaptação. Facilita muito se a criança puder fazer pequenas escolhas nesse novo dia a dia, com a criação de regras e combinados em conjunto com os pais.

É normal a criança regredir?

Mesmo numa separação amigável, é comum que as crianças reajam com comportamentos de ansiedade, agressividade e até regressão (ex.: voltar a chupar chupeta ou pedir para dormir no quarto da mãe), como uma forma de voltar a sentir a segurança do tempo que eram bebês.

De modo geral, isso é uma fase que passa depois de algum tempo – desde que as crianças se sintam apoiadas em sua dor. Quando o processo acontece de forma positiva, os filhos voltam a se sentir seguros emocionalmente, e a relação destes com o pai e a mãe pode até melhorar, posto que não há mais a relação de casal conflituosa.

Conjugalidade e parentalidade

No artigo "Casamento contemporâneo: o difícil convívio da individualidade com a conjugalidade"*, Terezinha Feres-Carneiro analisa: "Quem se separa é o par amoroso, o casal conjugal. O casal parental continuará para sempre com as funções de cuidar, de proteger e de prover as necessidades materiais e afetivas dos filhos. [...] Costumo afirmar que o pior conflito que os filhos podem vivenciar, na situação da separação dos pais, é o conflito de lealdade exclusiva, quando exigida por um ou por ambos os pais."

A pesquisadora relata uma situação rotineira, quando os pais têm dificuldade de se distanciar da própria dor para olhar para a dor do filho. Quando fazer esse movimento de distinguir a conjugalidade da parentalidade é difícil para os pais (um deles ou ambos), o ideal é buscar a ajuda de

---

* "Casamento contemporâneo: O difícil convívio da individualidade com a conjugalidade". Disponível em: https://www.researchgate.net/publication/26362078_Casamento_contemporaneo_o_dificil_convivio_da_individualidade_com_a_conjugalidade

um psicólogo, de modo a elaborar a situação para si mesmos e conseguirem evitar transferir suas dificuldades em relação ao ex-parceiro para a criança, ou de contaminar a percepção do pequeno com as próprias opiniões sobre o pai ou a mãe dele.

Quando uma criança ouve a mãe falar mal do pai (ou vice-versa), pode haver duas consequências: ou ela cria rancor de quem está falando ou se afasta do objeto das críticas. Ainda que o adulto esteja coberto de razão, esse tipo de atitude não vai ajudar em nada a criança.

Uma forma essencial de dar suporte à criança cujos pais estão se separando é dar espaço para que ela possa falar sobre seus sentimentos e pensamentos, sem ser repreendida por se expor, mas, ao contrário, sendo acolhida com respeito e empatia. A criança precisa ter a clara noção, por meio de palavras e ações dos adultos cuidadores, que ela continua a ser amada e protegida pelos pais.

Isso, no entanto, não tem nada a ver com tentar recompensá-la com presentes ou bens materiais – que podem trazer uma reação imediata de alegria, mas que não se sustenta a longo prazo.

"Meu filho não é como os irmãos"

Muitas mães manifestam sua preocupação da seguinte forma: "um dos meus filhos é muito dependente, anda atrás de mim o dia todo, os outros não são assim"; "tenho uma filha tímida demais, sinto que todos olham para o irmão extrovertido e ela parece invisível para o mundo".

Existe uma expectativa da sociedade em geral de que irmãos sejam partes de um todo homogêneo. Como pessoas nascidas na mesma família, criadas da mesma forma, com os mesmos valores e regras podem ser tão diferentes entre si? Essa percepção de ter um filho que "não é como os outros irmãos" é recorrente – e pode ser prejudicial para todos.

A maioria das mães fala: "mas eu trato meus filhos de maneira igual". Talvez esteja aí a questão. Quando lidamos com elementos diferentes como se iguais fossem, dificilmente teremos o resultado esperado.

Imagine se você fizer um suco de limão e não colocar água, tratando ele como um suco de melancia. Vai ser impossível tomá-lo. Ao tratar todos os filhos de maneira igual, a mãe para de ver cada um deles em sua inteireza e passa a se relacionar apenas com o rótulo "colado" nessas crianças.

Os rótulos que aplicamos aos nossos filhos são muito perigosos. Uma pessoa, ao ouvir ao longo de toda a vida que é dependente demais, chorona demais ou tímida demais pode crescer acreditando verdadeiramente nisso, e essa característica só tende a ganhar mais espaço.

Quando a questão do rótulo se soma a uma comparação entre irmãos, isso toma uma proporção ainda maior: o filho dependente, chorão ou tímido sempre encontrará seu oposto no irmão: independente, sorridente, falante. Isso porque o filho A pode não ser especialmente bagunceiro, mas quando é visto em comparação ao filho B, superorganizado, esse "problema" parece bem maior do que é de fato.

A pergunta clássica "por que você não pode ser igual ao seu irmão?" só tem uma resposta: porque isso é impossível. Não existe uma personalidade mais "correta" que outra. Existe, sim, a que vai ao encontro da expectativa dos adultos e a que diverge disso. Ao serem comparados o tempo todo, inevitavelmente os filhos vão se sentir ora injustiçados, ora privilegiados – o que não é bom para ninguém.

Como é possível mudar esse estado de coisas? Olhando para o sistema familiar como um todo, tirando o foco daquela criança específica. Refletindo sobre o que você, mãe, sente a respeito dessa criança. Quais eram as suas expectativas sobre esse bebê e como você lida com elas hoje, diante do filho real, não idealizado?

As potencialidades, dificuldades, formas de ser e estar no mundo de cada indivíduo são diferentes dos demais – independentemente de essa pessoa ser oriunda de um lar com outros filhos. Indivíduos gerados do mesmo pai e da mesma mãe podem ter semelhanças, mas é certo que também terão diferenças, e aprender a lidar com essas diferenças dentro de casa é um dos maiores privilégios de ter irmãos.

Quando uma criança é percebida por seus cuidadores em sua singularidade, fora do comparativo com as demais, isso a ajudará a desenvolver aquilo que é único em si – inclusive as características ditas "ruins" (ex.: uma pessoa tímida que, em vez de ser forçada a interagir o tempo todo, é estimulada a aprimorar sua concentração e capacidade de análise).

Punições e recompensas: dois lados da mesma moeda

Muitos pais e mães, na esperança de ensinar os filhos a cumprirem suas tarefas e serem cooperativos, acabam prometendo recompensas às crianças e aos adolescentes. Os defensores dessa prática afirmam que funciona, mas o pesquisador Alfie Kohn faz um alerta em seu livro *Punidos pelas recompensas:*

"A criança que obedece na esperança de ganhar uma recompensa ou de evitar uma punição não está, como às vezes se diz, 'conduzindo-se por si mesma'. Seria mais exato dizer que a recompensa ou a punição a está conduzindo."

Kohn sustenta a tese de que punições e recompensas são, na verdade, dois lados da mesma moeda. Isso porque, ao prometer algo para o filho com o objetivo de que realize atividades como estudar, organizar seus pertences e comer legumes, os pais deixam implícito que, caso não façam o "combinado", eles perderão algum privilégio (tempo extra no videogame, o direito à sobremesa ou até dinheiro).

Ou seja, o que era recompensa ganha contornos claros de punição em caso de não cumprimento.

De acordo com a pesquisa de Kohn, os indivíduos que são tratados à base de recompensas (sejam crianças ou adultos) costumam fazer apenas o mínimo necessário para que a tarefa seja considerada feita e, frequentemente, exigem recompensas cada vez maiores. Além disso, as recompensas geram aumento de competitividade entre os pares, o que pode minar a cooperação.

Alfie Kohn vai além e questiona a motivação dos pais quando apostam nas recompensas e punições: "É necessário que [os pais] sejam honestos para recompensar ou punir, perguntando-se para quem estão agindo assim (para as crianças ou para eles?) e para quê (para o desenvolvimento de valores reais ou visando à mera obediência?)."

Alternativas às recompensas

Em vez do sistema recompensas-punições, Kohn sugere o estímulo à motivação intrínseca, o que Daniel Goleman chamou de automotivação. Ou seja, é fazer o que precisa ser feito por compreender a importância de determinada tarefa, não para obter algo em troca. Nesse caso, a gratificação vem pelo trabalho feito em si (ex.: a satisfação de encontrar todos os brinquedos num quarto organizado), não por algo externo.

No Método CoRE KidCoaching compartilhamos da mesma visão de Kohn e Goleman, e propomos o uso do reforço positivo no lugar da promessa de recompensas. Ou seja, após (e somente após) a criança ter tido um comportamento desejado, o adulto faz elogios específicos e verdadeiros sobre seu esforço e sobre os resultados obtidos, e pode até oferecer algo a ela, desde que não seja algo sistemático nem previamente combinado.

E quando a criança ou o adolescente não tem a atitude esperada?

Nesse caso, não adianta mandar para o cantinho do pensamento, restringir o acesso à televisão ou aplicar um castigo. O melhor aqui é usar consequências. Exemplo: se o filho deixou o quarto bagunçado e por isso perdeu o livro de matemática, ele chegará atrasado à escola ou irá sem o material, e sofrerá as devidas perdas e sanções por não estar com seu livro.

Importante: os pais explicam ao filho sobre as opções possíveis (nesse exemplo, chegar atrasado à aula ou ir sem o material) sem raiva ou julgamento, sem usar frases do tipo: "eu avisei" ou "você é um bagunceiro". Na verdade, permitem ao jovem essa experiência não com o objetivo de humilhá-lo, mas de forma firme e carinhosa para que assim ele tenha a profunda compreensão de que seus pertences são de sua responsabilidade.

Por que ensinar consentimento às crianças?

De modo geral, fala-se sobre a importância de ensinar consentimento às crianças como forma de evitar abusos sexuais – o que é fundamental, especialmente levando em conta que todos os anos são feitas em média 20 mil denúncias de violência sexual contra crianças e adolescentes no Brasil e, em mais de 70% desses casos, o abusador é uma pessoa próxima à vítima[*].

No entanto, é preciso irmos além disso. Ao abordarmos esse tema com as crianças desde bem pequenas, estamos ajudando a criar jovens adultos com empatia pelos outros, indivíduos capazes de ter relações saudáveis – sejam elas amorosas, de amizade ou de trabalho.

Criar uma criança com respeito é comprovadamente a melhor forma de ensiná-la sobre consentimento, com regras claras dentro da família, em que a máxima "não é não" é respeitada por todos, crianças e adultos.

Uma habilidade socioemocional a ser desenvolvida

Entre as 14 principais habilidades socioemocionais necessárias para uma vida saudável, estão: recusar pedidos; expressar opiniões pessoais, in-

---

[*] "Mais de 70% da violência sexual contra crianças ocorre dentro de casa". Disponível em: https://agenciabrasil.ebc.com.br/direitos-humanos/noticia/2019-05/mais-de-70-da-violencia-sexual-contra-criancas-ocorre-dentro-de

clusive o desacordo; expressar incômodo, desagrado ou enfado; pedir a mudança de conduta do outro.*

Quando os pais falam com as crianças desde cedo sobre a importância do consentimento, isso será de grande ajuda para incutir nos pequenos a noção do que é bom para si e do que não é, sendo um treino fundamental para que futuramente possam fazer boas escolhas por conta própria.

O site norte-americano *Good Men Project* fez um apanhado de orientações para os pais que querem abordar o consentimento com seus filhos a partir de 1 ano de idade**.

Seguem aqui 5 proposições:

1. Ensine as crianças a pedir permissão antes de tocar ou abraçar um coleguinha.

Fale coisas como: "Sarah, vamos perguntar ao Joe se ele gostaria de dar um abraço de despedida." Se Joe disser não a esse pedido, diga a sua filha: "Tudo bem, Sarah! Vamos dar tchau de longe para Joe."

2. Ajude a criar empatia em seu filho, explicando como algo que ele fez pode ter magoado alguém.

Fale coisas como: "Eu sei que você queria aquele brinquedo, mas quando você bateu em Mikey, o machucou e ele se sentiu muito triste. E não queremos que Mikey se sinta triste."

---

* "As 14 principais habilidades sociais do ser humano" – Parte integrante do *Livro de atendimento parental, familiar e escolar,* incluso no material da Formação Kids Coaching.

** Fonte: "The Healthy Sex Talk: Teaching Kids Consent, Ages 1-21". Disponível em: https://goodmenproject.com/families/the-healthy-sex-talk-teaching-kids-consent-ages-1-21/

3. Ensine a seus filhos que "não" e "pare" são palavras importantes e devem ser honradas.

Uma maneira de explicar isso pode ser: "Sarah disse não e, quando ouvimos não, sempre paramos o que estávamos fazendo imediatamente. Não importa o quê."

4. Nunca force uma criança a abraçar, tocar ou beijar ninguém, por qualquer motivo.

Se a vovó está exigindo um beijo e seu filho é resistente, ofereça alternativas, dizendo algo como: "Você prefere dar um *high-five* ou mandar um beijo para ela?"

Você pode explicar para a vovó, mais tarde, o que está fazendo e por quê. Mas não dê muita importância a isso na frente de seu filho. Se for um problema para a vovó, que seja, seu trabalho agora é fazer o que é melhor para seu filho e dar-lhe as ferramentas para estar seguro e feliz.

O mesmo serve para os pais: se a criança não está gostando da brincadeira ou das cócegas, deve saber que pode dizer "pare" e sua vontade será respeitada. Aqui o lema é: "Brincadeira é quando todos estão gostando."

5. Dê às crianças a oportunidade de dizer sim ou não nas escolhas do dia a dia também.

Na medida do possível, deixe-as escolher as roupas e opinar sobre como as situações de rotina serão realizadas.

Importante: não é SE vão ser realizadas, mas COMO. Ex.: a criança vai tomar banho todos os dias, mas a que horas isso vai acontecer pode ser definido por ela.

A FAMÍLIA E A SOCIEDADE

Nossas crianças estão mesmo mais hiperativas?

Em 1978, a American Psychiatric Association catalogou o TDAH como um transtorno. Por sua natureza multifatorial, o diagnóstico sempre foi controverso. De acordo com a Associação Brasileira do Déficit de Atenção, o TDAH "é um transtorno neurobiológico, de causas genéticas, que aparece na infância e, frequentemente, acompanha o indivíduo por toda a sua vida. Ele se caracteriza por sintomas de desatenção, inquietude e impulsividade".

Segundo a entidade, ocorre em 3% a 5% das crianças ("na vida adulta, os sintomas de inquietude são mais brandos"). No entanto, a porcentagem de diagnóstico de TDAH é bem maior, e apresenta tendência de crescimento. No Brasil, os índices alcançam até 26,8%, de acordo com pesquisa da Anvisa em 2013.

A praxe, quando há o diagnóstico de Transtorno de Déficit de Atenção, é a prescrição de remédios que aumentam a disciplina e a concentração das crianças hiperativas. No Brasil, o mais comum é a Ritalina, um dopaminérgico.

No artigo "TDAH e Ritalina: neuronarrativas em uma comunidade virtual da Rede Social Facebook", Fernanda Martinhago contabiliza que, em países fora dos Estados Unidos, o uso mundial de Ritalina em 2007 era de 17%, passando para 34% em 2012 (nos EUA, a medicação mais consumida para tratar o TDAH é o Aderall, da classe das anfetaminas).

Segundo a Anvisa, entre 2009 e 2011, o consumo do metilfenidato (princípio ativo da Ritalina) aumentou 75% entre crianças e adolescentes na faixa dos 6 aos 16 anos. Especificamente em São Paulo, um estudo feito pelo Núcleo de Farmacovigilância Sanitária da Secretaria de Estado da Saúde de São Paulo constatou que, de 2009 a 2011, o consumo do medicamento cresceu 164%, tendo redução no período das férias e aumento no segundo semestre do ano letivo. De junho de 2011 a junho de 2015, o crescimento foi de 25%, de acordo com o IMS Health (todos os dados são relativos a vendas registradas, o que sugere que o número real seja ainda maior).

O filósofo alemão Christoph Türcke, no livro *Hiperativos!*, apresenta a tese de que há uma "cultura do déficit de atenção", atuando, especialmente, na relação exagerada entre crianças e celulares, computadores, *tablets* e demais telas.

Em resumo, Türcke aponta: "O 'choque da imagem' [expressão cunhada por Walter Benjamin] se tornou o foco de um regime global de atenção, que insensibiliza a atenção humana por meio da sobrecarga ininterrupta. [...] O que começou como 'efeito de choque do cinema' há tempos se transformou em regime de atenção do conjunto da sociedade. Nesse regime, crescem hoje as crianças desde o nascimento. Sob ele, elas montam seus cérebros. [...] Não foi a pesquisa a inventar o TDAH. [...] Não é errado falar em transtorno. Mas defender que o TDAH é uma doença [...] é menosprezível [...], sendo distúrbio cerebral apenas enquanto distúrbio cultural. [...] O TDAH não é simplesmente uma doença em um ambiente saudável. Ao contrário: só quando já existe uma cultura do déficit de atenção é que existe TDAH."

Para tratar essa disfunção, Türcke sugere uma mudança profunda de comportamento na sociedade, denominada por ele de "Estudos Rituais".

A ideia é substituir o excesso de horas de telas por brincadeiras de roda, refeições em família e todo tipo de atividades realizadas em conjunto, com conexão verdadeira entre as pessoas. O filósofo explica: "Só é possível aprendê-la [a atenção] em comunidade. Mais ainda: somente pela atenção é que se aprende a comunidade especificamente humana."

Os resultados do coaching em crianças apontam para a mesma direção. Nota-se que as crianças diagnosticadas com TDAH que são atendidas por profissionais de saúde e, concomitantemente, por um KidCoach têm resultados mais rápidos e efetivos. Isso ocorre porque, ao olhar com atenção a rotina da criança e do sistema familiar como um todo, aumenta a resposta ao tratamento em relação às dificuldades de aprendizado e aos demais sintomas apresentados.

Lembrando que o Kids Coaching não trata, tampouco cura. Essa função é e sempre foi dos profissionais de saúde.

Um tapinha dói: palmada não educa, gera traumas e faz perpetuar o ciclo de violência

No Brasil, desde 2014, está em vigor a "Lei da Palmada", que proíbe "o uso de castigo físico ou de tratamento cruel ou degradante, como forma de correção, disciplina, educação ou qualquer outro pretexto, pelos pais, pelos integrantes da família ampliada, pelos responsáveis, pelos agentes públicos executores de medidas socioeducativas ou por qualquer pessoa encarregada de cuidar deles [crianças e adolescentes], tratá-los, educá-los ou protegê-los".

A lei está de acordo com associações de direitos humanos como a Global Initiative to End All Corporal Punishment of Children (Iniciativa Global para Acabar com Toda Punição Corporal de Crianças) e a Academia Americana de Pediatria. Esta organização, por sinal, classifica a prática como "ineficaz e prejudicial" e aponta que "pode gerar um círculo vicioso de comportamento cada vez pior e punições cada vez mais severas".

"Apanhei e estou vivo"

Ainda assim, há pais que acreditam estar fazendo um bem aos filhos aos dar uns "tapinhas" corretivos neles. A justificativa, em geral, é algo na linha de "na minha casa todos apanharam e ninguém morreu". É possível compreender que em outras gerações não havia tanta informação quanto há atualmente a esse respeito. Mas os pais hoje que defendem os castigos físicos querem criar sobreviventes ou seres humanos saudáveis?

"Muita gente diz 'eu apanhei e deu tudo certo'. Mas o que é 'dar certo'? Como você se relaciona com as suas dores? E com as pessoas ao seu redor? Como se relaciona consigo mesmo quando você erra?", questiona Elisama Santos, autora de *Educação não violenta*, em entrevista ao blog de Rita Lisauskas no site do *Estadão*. A escritora e educadora parental analisa: "Quando você bate em uma criança, mistura dois conceitos que nunca deveriam andar juntos: amor e violência."

Um estudo feito na Universidade McGill, no Canadá, concluiu que os países que proíbem maus-tratos em crianças têm menores índices de violência juvenil. A pesquisa foi aplicada em escolas de 88 países entre 2003 e 2014. Mais de 400 mil jovens (meninas e meninos entre 11 e 25 anos) foram questionados sobre quantas vezes brigaram fisicamente com os outros.

Dos países pesquisados, 20 não tinham proibição nenhuma em relação a maus-tratos; 30 proibiam castigos físicos em todos os contextos; e as outras 58 nações proibiam parcialmente (quando bater não é permitido na escola, mas sim em casa, por exemplo). A conclusão foi de que as brigas eram 31% menos comuns entre garotos e 58% menos frequentes entre garotas que moravam em países com proibição total de punição corporal em relação àqueles países em que apanhar era permitido total ou parcialmente.

A corda arrebenta do lado mais fraco

Nos Estados Unidos, o uso da palmatória é permitido por lei em escolas públicas de 19 dos 50 estados. Nas instituições particulares, há permissão em 48 estados. A Associação Americana de Psicologia afirma que castigos corporais podem levar a comportamento antissocial, agressividade e problemas de saúde mental nas crianças. Estudos produzidos naquele país afirmam que esse tipo de punição afeta desproporcionalmente estudantes negros e portadores de alguma deficiência, com dificuldade de aprendizado, autismo ou em cadeira de rodas.

No artigo "Maus-tratos na infância de mulheres vítimas de violência", de Silva *et al.*, fica clara a correlação entre meninas que sofreram castigos físicos quando eram crianças e que, na idade adulta, apanham (em geral dos próprios companheiros):

"Em 619 questionários aplicados, os resultados indicaram uma elevada prevalência (39,7%) de história de violência familiar na infância e/ou adolescência de mulheres vítimas de violência na vida adulta. Concluiu-se que é importante e necessário identificar e assistir as famílias de risco, com o propósito de prevenir a prática de violência, haja vista a relevância da sua transmissão transgeracional. [...] As várias formas de violência, sejam humilhações verbais ou agressões com risco de morte, tornam-se registros de experiências psíquicas que, não sendo elaboradas, transformam-se em um terreno fértil para o adoecer psíquico."

A autonomia como caminho

> "Ajude-as a fazer sozinhas."
> **Maria Montessori**

A autonomia é um conceito controverso em famílias e escolas. Existe o temor de que, ao dar liberdade à criança, ela faça escolhas ruins ou, pior, que passe a agir como um pequeno tirano.

É preciso esclarecer que a criança não é um ser independente. Ela depende dos adultos em diversas instâncias: fisicamente, pois ainda não possui maturidade psicomotora total; emocionalmente, já que necessita de afeto, reconhecimento e limites; financeiramente; legalmente. No entanto, a autonomia pode ser construída em conjunto, pela díade criança/cuidador, com o uso de critérios claros que só o adulto é capaz de definir.

É importante frisar que os critérios são da responsabilidade dos pais/avós/professores, e as ações de autorresponsabilidade dizem respeito às atitudes da própria criança. Por exemplo: os critérios de respeitar os outros e ao mesmo tempo respeitar a si próprio estão na compreensão dos pais, que podem auxiliar seus filhos a tomar as atitudes apropriadas para lidar com um colega que morde, bate ou pratica *bullying*.

Os pais como "alterneocórtex" dos filhos

O bebê já nasce com o sistema límbico – responsável pelas emoções – pronto. Já o neocórtex – por meio do qual é possível desenvolver análise crítica e planejamento – só atinge sua maturidade na idade adulta. Assim, os pais funcionam durante uma parte da vida como o "alterneocórtex", um neocórtex externo, do filho.

Por meio de estudos, já se sabe que não é a autonomia, mas a superproteção que gera a figura do "reizinho da casa". A criança que sempre é privada de suas frustrações crê que os adultos devem resolver tudo por ela. Ao contrário, a criança que tem a oportunidade de passar pelas aflições com escuta e acolhimento desenvolve um sentimento natural de cooperação com os demais.

Quando ajudar atrapalha

Isso vai ao encontro do que dizia Maria Montessori, médica e pedagoga italiana que no início do século XX fundou as bases da teoria montessoriana, cuja base é a autonomia da criança como caminho para sua felicidade e independência. Uma das frases mais famosas de Montessori é: "Qualquer ajuda desnecessária é um obstáculo para o desenvolvimento."

Mas o que seria uma ajuda desnecessária? Desnecessário é tudo que a criança já tem prontidão psiconeuromotora, cognitiva e social para realizar. E como saber a hora de deixá-la fazer as atividades do dia a dia sozinha (comer, se vestir, tomar banho, escovar os dentes, amarrar o cadarço, ir para escola a pé, pegar condução pública, dar sua opinião)?

O pediatra, o psicólogo e muitos sites na internet podem informar sobre os parâmetros definidos pela medicina e psicologia sobre o que é esperado em determinada idade, mas cada criança tem seu tempo e é preciso que os cuidadores fiquem atentos aos sinais que ela dá.

O mesmo conceito se aplica à autonomia emocional. Isso significa que os adultos podem deixar a criança resolver divergências com os irmãos, colegas e professores – a menos que isso represente algum risco para qualquer uma das partes, claro.

Caso a criança peça ajuda, o cuidador pode auxiliar fazendo boas perguntas como: "O que você precisa que seu amigo saiba?"; "Se você soubesse resolver essa questão, como seria?"; "O que só depende de você para mudar essa situação para melhor?", sem, no entanto, cair na armadilha de dar soluções prontas, conselhos ou falar da própria experiência.

Depressão na infância: vamos falar sobre este assunto

Alguns dados alarmantes[*]:

- De acordo com pesquisa publicada em 2016 pelo periódico médico britânico *The Lancet*, 2,8% das crianças entre 6 e 12 anos sofriam de depressão grave nos países desenvolvidos;

- Segundo a farmacêutica Julie M. Zito, da Universidade de Maryland, em 2007, cerca de 1,5 milhão de indivíduos menores de 18 anos usavam antidepressivos nos Estados Unidos;

- No Brasil, 61% dos entrevistados em estudo do Instituto Ipsos realizado em 2019 consideram-se muito felizes ou felizes – uma queda de 12 pontos percentuais em relação à última edição, feita em 2018, quando o resultado foi de 73%. No mundo, o índice de felicidade também caiu de 70% para 64%.

---

[*] "Maioria dos antidepressivos é ineficaz em crianças e adolescentes". Disponível em: http://g1.globo.com/bemestar/noticia/2016/06/maioria-dos-antidepressivos-e-ineficaz-
-em-criancas-e-adolescentes.html
"Trends and patterns of antidepressant use in children and adolescents from five western countries, 2005–2012". Disponível em: https://www.researchgate.net/publication/293642487_Trends_and_patterns_of_antidepressant_use_in_children_and_adolescents_from_five_western_countries_2005-2012/citation/download
"Brasileiros estão menos felizes em 2019, diz pesquisa da Ipsos". Disponível em: https://www.bbc.com/portuguese/geral-49666519

A psicóloga clínica especializada em infância Luciane Kozicz explica que a depressão em crianças não é como nos adultos. Segundo ela, podem estar deprimidas "crianças retraídas, que se isolam, com dificuldade de aprendizado, que apresentam dor frequente de cabeça e de barriga e que choram muito quando se afastam do cuidador".

A psiquiatra Sheila Caetano conta que crianças dos 7 aos 12 anos, quando estão em depressão, falam "que tudo é muito tédio e que o tédio não sai". "E elas já começam a esboçar um desejo de morte, mesmo ainda sem ter noção de que se trata de algo irreversível."

Luciane analisa que a depressão infantil "tem sido erroneamente confundida com tristeza. Acontece que a tristeza é passageira. É confundida também com hiperatividade e TDAH", o que sugere que os números reais sejam ainda maiores do que os registrados. A doutora revela também que há três vezes mais meninas em depressão que meninos.

A pediatra Ana Escobar recomenda que, por estarem com o cérebro ainda em desenvolvimento, as crianças não usem antidepressivos logo de cara. Em vez disso, ela sugere a psicoterapia como primeira opção de tratamento. Um estudo divulgado recentemente no periódico médico britânico *The Lancet* corrobora essa visão, apontando que a maioria dos antidepressivos é ineficaz em crianças e adolescentes com depressão grave, podendo até aumentar a chance de pensamentos suicidas.

Não ao acaso assistimos ao aumento da triste estatística de crianças deprimidas e atentando contra a própria vida. São inúmeras as causas que podem levar uma criança a experimentar sintomas tão dolorosos de depressão. Não pretendemos esgotar esse tema, no entanto a complexidade das relações, a grande expectativa sobre o sucesso numa sociedade conturbada e complexa quanto a nossa podem ser difíceis demais para indivíduos ainda imaturos neuropsiquicamente.

O Método CoRE KidCoaching funciona muito bem como prevenção à manifestação desses quadros, ao favorecer a reconexão de famílias que não se comunicam mais a não ser por aplicativos, ao propiciar espaço para que a criança se manifeste de forma sincera e ao mesmo tempo tranquila, ao estimular que a criança identifique o que pensa e o que sente, ao ajudá-la a perceber suas melhores virtudes e aplicá-las em sua vida social, na escola e em casa.

Na abordagem feita pelo Método CoRE KidCoaching existem técnicas que elevam a capacidade autorreguladora da criança, da família e do grupamento escolar. Ajudam a criança a sentir-se firme e segura para dormir em sua própria cama, por exemplo, aumentando sua autoestima e a sensação de perceber-se como protagonista de sua vida.

E mesmo depois de diagnosticada a depressão, o KidCoach pode ser um aliado junto aos profissionais da saúde para orientar os pais e cuidadores, auxiliando-os a terem comportamentos efetivos na lida com seus filhos diante de situações tão assustadoras.

Como os pais podem ajudar os filhos nos desafios atuais?

Parece que estamos sem parâmetros claros para lidar com a criança da geração atual, diante dos desafios que a sociedade tecnológica nos apresenta. São famílias "conectadas" apenas virtualmente, crianças de frente para a televisão, o *tablet* e o celular 24 horas por dia.

É um momento de crise – na família e na escola –, no qual o que valia já não vale mais, e assim ficamos confusos e perdidos. Os pais agem, muitas vezes, de maneira contrária àquilo que acreditam, fazem coisas das quais se envergonham e, consequentemente, se sentem culpados.

Nesse cenário, como pais e mães podem lidar com as dificuldades em educar as crianças na sociedade atual? Como fazer para ter novas atitudes e comportamentos? O Método CoRE KidCoaching ajuda nisso.

E aqui cabe uma explicação. O coaching foi originalmente desenvolvido para executivos e líderes; depois, se expandiu para diversas áreas, com o surgimento do Life Coaching. E desde 2016, existe uma metodologia criada no ICIJ (Instituto de Crescimento Infantojuvenil) especialmente para atender crianças, que já formou milhares de profissionais e ajudou uma infinidade de famílias no Brasil e no exterior.

O coaching não vai ajudar a criança a ser um miniadulto nem a ter sucesso profissional quando crescer. Vai ajudar a criança, na sua essência, a ser criança – mas uma criança sem tantas dores. Um indivíduo saudável que, na idade adulta, será capaz de se posicionar no mundo de forma assertiva e respeitosa.

A ideia do Kids Coaching é estimular na criança o desenvolvimento da autorresponsabilidade, que vai auxiliá-la a lidar com os problemas da sua rotina: alimentação, relacionamentos, estudo. Não há como evitar a dor, mas podemos ajudar a criança a lidar com os momentos dolorosos.

Uma parte importante do método é entender que nós, adultos, não podemos resolver os problemas pela criança. Mas se a estimularmos a descobrir sua força própria e a ajudarmos a se autorregular, ela conseguirá naturalmente se proteger e encontrar boas soluções para seus problemas.

Propomos que você acredite que as crianças têm boas soluções, que são sábias. Claro que isso não é fácil, requer mudança do *mindset* do adulto cuidador, técnicas e muito treino – mas é possível, e hoje temos a comprovação da eficácia do método.

Por outro lado, já vimos que as soluções tradicionais não funcionam. Pesquisas mostram que as crianças não aprendem com a punição; quando são tratadas dessa forma, registram apenas desamor e injustiça. Isso não significa que o adulto não deva dizer não; ao contrário, é necessário que estabeleça limites claros e sólidos, mas sem punir.

Da próxima vez que seu filho fizer algo que você considera errado, que tal fazer diferente? Tente não julgá-lo (com pensamentos do tipo "esse menino não tem jeito"), nem mandá-lo para o "cantinho do pensamento" – onde a criança não pensa (lembra da sua própria infância?) –, nem perguntar "por que você não guardou a bicicleta?" – que não gera qualquer mudança real, somente justificativas e foco no passado.

Em vez das soluções já conhecidas e que não trazem resultado, olhe para o futuro e faça boas perguntas do tipo "o que você pode fazer para da próxima vez se lembrar de guardar a bicicleta?". Garantimos que vai obter resultados muito diferentes, e melhores.

Para finalizar, deixamos aqui uma reflexão: "Somente quando deixamos nosso papel de filhos necessitados de proteção e aprovação e quando deixamos nossos pais livres de nosso julgamento é que conseguimos ser pais inteiros para nossos filhos."

Menino brinca de boneca, menina brinca de carrinho?

"A regra geralmente aceita é que rosa é para os meninos, e azul para as meninas. O motivo é que o rosa, sendo uma cor mais decidida e forte, é mais apropriado para meninos. Enquanto o azul, que é mais delicado e gracioso, é mais bonito para a menina."

Esse texto foi escrito na revista de moda infantil norte-americana *Earnshaw*, em 1918. De acordo com a pesquisadora Jo Paoletti, é provável que a associação entre meninas e rosa tenha surgido na década de 1950, por causa de Mamie, esposa do presidente dos Estados Unidos Dwight Eisenhower. Ela foi à festa de posse do marido em um vestido rosa exuberante, e passou a usar a cor em muitos compromissos oficiais.

Esse é apenas um exemplo de que as regras sociais são apenas convenções, não têm qualquer sentido em si, e mudam muito histórica e geograficamente. O mesmo se dá com as brincadeiras. *A priori*, não existem atividades de menina ou de menino. A brincadeira é uma forma de representação do mundo – as crianças brincam imitando a realidade.

Assim, o menino que vê seu pai limpando a casa e cuidando dos filhos deseja brincar de família, por exemplo. Da mesma forma, a menina que vê que sua mãe dirige e tem habilidade com ferramentas também leva isso para o universo lúdico. Hoje, cada vez mais, os papéis sociais de gênero no mundo adulto estão caindo, mas infelizmente o mesmo não se dá em relação às crianças.

146 | **Marcia Belmiro & Ana Clara Werneck**

De acordo com especialistas em desenvolvimento infantil, o menino querer brincar de boneca ou a menina pedir um carrinho de presente não significa nada em relação a sua sexualidade futura – até porque existem diversas formas de masculinidade e de feminilidade possíveis.

Os pais, quando tolhem o brincar dos filhos, limitam seu aprendizado de mundo e o exercício de sua criatividade. Quando o adulto proíbe determinada brincadeira, isso diz mais dele do que da criança, de seus medos e preconceitos – muitas vezes inconscientes. Essa divisão de brincadeiras permitidas e proibidas foi criada no mundo dos adultos, e não faz qualquer sentido para a criança.

A criança traz suas vivências para a brincadeira. Ou seja, o brincar é projetivo, não determinante, e ajuda a elaborar o papel do indivíduo dentro da família e da sociedade. Assim, o menino que gosta de panelinhas pode um dia ser um pai que cozinha para os filhos. A menina que gosta de correr e subir em árvores não necessariamente será "sem modos", mas provavelmente se sentirá livre e não vai aceitar ser o que esperam dela no futuro.

É preciso haver o rompimento de papéis que foram impostos culturalmente em outro momento histórico, atendendo a uma sociedade que não existe mais – de mulheres dentro de casa, servindo os filhos e o marido, e homens na rua, trabalhando para prover a família.

Machismo infantil existe, e precisa ser discutido

Quando um casal espera um bebê, toda a família fica em polvorosa até que se descubra o sexo da criança, "para poder comprar o enxoval" nas cores e padrões corretos (rosa, com bolinhas e bichinhos fofos para as meninas; azul, com listras e animais selvagens para os meninos). Assim, uma pessoa que ainda nem nasceu já está inserida na cultura machista constituída em nossa sociedade.

Crianças bem pequenas são apresentadas ao machismo em suas mais variadas formas: meninos ganham carrinhos, bonecos de super-heróis musculosos e espadas; meninas recebem bonecas, eletrodomésticos de plástico rosa e maquiagem infantil.

Meninos ouvem que não podem chorar e que devem ser corajosos; meninas são estimuladas a serem boazinhas, estarem sempre de cabelo penteado e limpas – inclusive na praia e na areia da pracinha.

Ao longo de toda a infância, qualquer objeto que a pessoa necessite estará alocado em um departamento predeterminado: brinquedos, roupas, toalhas, boias de braço, copos, pratos, até livros – a lista é infinita. A pergunta que as mães ouvem dos vendedores é sempre a mesma: "É para menino ou menina?"

Tarefas domésticas

A Plan Brasil, ONG que defende os direitos de crianças e adolescentes, divulgou em 2015 uma pesquisa realizada com meninas e meninos de 6 a 14 anos em todas as regiões do Brasil sobre a disparidade na distribuição das tarefas domésticas. Enquanto 81,4% das meninas arrumam sua cama, apenas 11,6% dos meninos realizam essa tarefa.

Entre as meninas, 76,8% lavam a louça e 65,6% limpam a casa. Já entre os meninos, 12,5% lavam a louça e 11,4% limpam a casa. Outra tarefa predominantemente destinada às meninas é a de cuidar dos seus irmãos: 34,6% são responsáveis por essa função, contra 10% dos meninos.

Assim, não é de admirar que o machismo se perpetue em todas as esferas da vida. Alguns pais e mães se assustam ao perceber uma atitude sexista em seus filhos e se questionam como isso pôde ocorrer, já que em casa isso não é ensinado. Infelizmente esse é um aprendizado que não precisa ser formalmente passado adiante para ser interiorizado.

As crianças, com sua sensibilidade aguçada, percebem que, por exemplo, a maioria dos cuidadores são mulheres, mas a maioria dos cientistas são homens. A maioria das cozinheiras são mulheres, mas a maioria dos *chefs* de cozinha são homens. Sua mãe trabalha mais horas (dentro e fora de casa), mas seu pai é chamado de chefe da família. Dessa forma, vão se adequando "naturalmente" – embora esse processo nada tenha de natural – ao papel que lhes cabe na sociedade.

O que fazer para quebrar o ciclo do machismo entre nossas crianças, desconstruindo preconceitos, propiciando que elas possam formar uma nova sociedade, liberta definitivamente de truculências contra a mulher num futuro (esperamos) próximo?

Conversar

Todos os dias, em qualquer ambiente, seus filhos se deparam com o machismo. Não despreze as pequenas situações; ao contrário, aproveite-as. É no cotidiano que as crianças vão formando seus conceitos (e preconceitos). Ao assistir a um simples filme infantil, é possível falar sobre violência contra a mulher, desigualdade no mercado de trabalho, relacionamentos abusivos etc.

Dar o exemplo

Nenhuma conversa é tão efetiva para formar bons cidadãos quanto os exemplos que os adultos cuidadores (em geral pai e mãe) dão. Em casa, divida as tarefas igualmente, com responsabilidades para todos. Isso inclui não só limpar a casa, cozinhar e lavar a louça.

As funções administrativas também podem ser divididas: quem faz a lista de compras do mercado, quem cuida da carteira de vacinação das crianças, quem é responsável por providenciar lanche e uniforme limpo para a escola…

As crianças (independentemente do sexo) também podem colaborar na manutenção da ordem e limpeza da casa, de acordo com a idade, fazendo assim um treino positivo para serem capazes de cuidar de si mesmas e de seu lar quando adultas.

Informar-se

O machismo é tão arraigado que muitas vezes não percebemos que ele está ali. Atualmente há livros, filmes e páginas na internet dedicadas a combater o machismo na infância. Confira algumas sugestões:

- Livro *Para educar crianças feministas*, de Chimamanda Ngozi Adichie.
- Livro *A pior princesa do mundo*, de Anna Kemp e Sara Ogilvie.
- Documentário *Repense o elogio*. Disponível em: https://www.youtube.com/watch?v=PhLFszSFr3E
- Documentário *The Mask You Live In*. Disponível em: https://www.netflix.com/br/title/80076159

Criar filhos com gentileza no "mundo cão" dá certo?

Fala-se muito sobre "criar os filhos para o mundo", mas o que exatamente isso significa? Alguns pais e mães entendem que, como na lei de talião, devemos ensinar as crianças a devolver na mesma moeda as agressões que recebem. Acontece que se resolvermos os problemas na base do olho por olho... todos acabarão cegos.

Omitir-se, por outro lado, é mais uma forma de violência, como disse Marshall Rosenberg, o criador da comunicação não violenta. Será que só existem essas duas possibilidades ou dá para encontrar o caminho do meio?

Ensinar seu filho a se defender do "mundo cão" está muito além de matriculá-lo na aula de artes marciais esperando que ele "não apanhe na rua, ou vai apanhar em dobro em casa", como já ouvimos tantas vezes. É ser "a mudança que você quer ver no mundo", como disse Gandhi.

A importância do autoconhecimento e do amor-próprio

Preparar uma criança para o mundo é estimulá-la a ouvir com empatia, a desenvolver a capacidade de argumentar e se posicionar diante das situações difíceis, de maneira firme, mas com generosidade, gentileza, sinceridade e com respeito ao outro e a si próprio.

Fortalecer seu filho para as adversidades da vida é fortalecê-lo emocionalmente, e isso é o oposto de ele crescer e ser um "homem que não chora" ou uma "pessoa sempre de bem com a vida". Isso, em geral, acontece com quem teve suas dores silenciadas na infância, com quem aprendeu que não devia sentir o que sentia, e que um dia de fato deixou de sentir, ou pelo menos guardou seus sentimentos num lugar tão profundo de si mesmo que não sabe mais onde estão.

Essas pessoas, ao contrário do que pensamos, são as mais frágeis, pois têm medos e inseguranças não resolvidos. O "casca-grossa" é, na verdade, o telhado de vidro, que quebra a cada adversidade, pois não tem recursos emocionais para se proteger.

Quando mostramos a nossos filhos que o que eles sentem é válido, então poderão vivenciar suas dores e, a partir daí, resolvê-las, sempre contando com seu porto seguro, que são os pais. Isso não é superproteger – superproteger é evitar que se frustrem –, mas sim proteger, que é mostrar a eles que não precisam passar pelas frustrações sozinhos.

Como resultado, essas crianças não vão "apanhar na vida", mas saberão que, quando o colega da escola faz *bullying* (ou, na idade adulta, o chefe o assedia), isso não diz respeito a si, mas aos outros. Então, podem seguir em frente, fortalecidos em seu escudo de autoconhecimento e amor-próprio.

A importância do brincar livre na primeira infância

No Brasil, a pressão por um ensino "forte" cresce a cada dia, e já atinge até a educação infantil. Na busca por acelerar o desenvolvimento de bebês e crianças pequenas, aproveitando a janela de aprendizado da primeira infância – fase em que o indivíduo gera mais conexões neurais do que em qualquer outro momento da vida –, os pais sentem o tempo todo que estão "para trás" na comparação com os filhos dos outros e, consequentemente, cobram isso da escola.

É comum ser exigido que uma criança de 4 anos, por exemplo, saiba ler e escrever, quando teoricamente isso só deveria ser ensinado no 1º ano do ensino fundamental. No entanto, vemos que países de primeiro mundo, como Suécia e Finlândia, vão no sentido contrário, abrindo cada vez mais espaço na grade curricular para o livre brincar, também chamado de brincadeira desestruturada.

Mas o que isso significa?

Livre brincar não é deixar a criança "solta", exposta a riscos ou sem limites. Tampouco é uma opção para quando a educadora está sobrecarregada e quer um momento "tranquilo". A brincadeira desestruturada é uma estratégia pedagógica estimulante, desafiadora e que gera muitos benefícios para crianças e adultos. O livre brincar é a brincadeira sem objetivo predeterminado pelo adulto, sem "moral da história", sem a necessidade de trabalhar uma capacidade cognitiva específica.

Brincadeira x atividade

Renata Meirelles, educadora e responsável pelo projeto Território do Brincar, define: "O brincar é o mecanismo que permite conectar-se com o que há de vivo dentro de si, dos outros e dos objetos. O brincar não pode ter um fim: ele é a própria vida se expressando. No entanto, vivemos em um mundo que valoriza o que é quantificável. E o brincar não se mede, não se avalia se aquela é ou não uma boa brincadeira. Qualquer brincar que não seja espontâneo deixa de ser brincadeira para se tornar atividade."

A Base Nacional Comum Curricular (BNCC), homologada em 2018, vai ao encontro dessa descrição. Na área do site da BNCC, que trata da educação infantil, consta o seguinte trecho:

"(…) a escola é, tradicionalmente, o lugar para promover o pensamento, a cognição, a reflexão, portanto, um lugar que requer disciplina, organização e silêncio. Nessa concepção de escola, só cabe a cabeça, o corpo, não. O corpo ocuparia outro lugar, estaria no âmbito privado, e, sendo assim, brincar, correr e movimentar-se seriam atividades que a família deveria proporcionar para a criança. (…) E se considerarmos que as famílias estão menores, que os quintais também foram reduzidos, e que as ruas e praças tornaram-se lugares hostis para as crianças, qual é então o lugar privilegiado para que a criança possa se socializar, interagir e brincar? (…) faz-se necessário que os espaços [de educação] sejam urgentemente ressignificados, a fim de garantir que as crianças possam brincar, investigar, correr, pesquisar, pois quanto mais lúdico, cuidadoso, acolhedor, propositivo e desafiador for o ambiente educacional maior será o desenvolvimento da criança."

Perceber o mundo com todos os sentidos

Quando a criança tem à disposição espaço amplo, natureza e tempo de ócio e é observada por um adulto – em vez de ser tutelada por ele –, pode perceber o mundo com todos os sentidos, em vez de usar apenas visão e audição numa sala de aula fechada.

Pode dar vazão a sua criatividade e curiosidade: subir nas árvores, criar mundos imaginários usando apenas objetos simples como pneus e caixas, ver os diferentes pássaros, correr, fazer barulho ou simplesmente ficar em silêncio, ouvindo os sons do entorno. Nesse processo, a criança elabora seus medos, ressignifica experiências, e a brincadeira cumpre sua função primordial, que é a de ser "fenômeno transicional na construção da autonomia e da identidade da criança", de acordo com Winnicott.

"Desemparedar" a infância

O livre brincar é objeto de estudo de educadores como Lea Tiriba, que cunhou o termo "desemparedamento". No vídeo "Desemparedar as crianças na escola", Lea explica sua importância especialmente na educação infantil:

"Crianças são modos de expressão da natureza, mas a escola as trata como seres separados da natureza: pouco contato com o sol, presos entre quatro paredes por nove horas diárias na creche, pouco acesso à terra e à água. A criança fica na rodinha, mas quer levantar, sair, andar. Olha para as crianças, aposta no que alegra e potencializa. Na definição das rotinas das creches, precisamos pensar em processos de formação nos quais haja espaço para o corpo, para o desejo, para a relação próxima com os elementos do mundo natural. Senão, estarei trabalhando na contramão daquilo que o humano necessita."

Como lidar com os palpites na criação dos filhos

Começa já na gravidez. Pessoas conhecidas e desconhecidas, nas situações mais variadas, fazem perguntas, comentários e dão palpites não solicitados à futura mãe: "parto normal é do tempo das cavernas", "cesárea não é parto", "a amamentação deve ser exclusiva a qualquer custo", "as fórmulas de hoje têm a mesma composição do leite materno, não faz sentido amamentar", "engravidou porque quis ou foi descuido?", "engravidou naturalmente ou fez tratamento?", e por aí vai.

Quando o bebê nasce, as opiniões externas continuam: "tem que ferver a água do banho", "com certeza esse choro é de fome", "bota uma meia nessa criança, vai pegar pneumonia".

Com o passar do tempo os palpites seguem, firmes e fortes, só mudando de teor: "você parou de trabalhar para ser mãe profissional?", "fica o dia todo fora e só vê seu filho à noite?", "ele come muita besteira, vai ficar obeso", "ela é tão magrinha, deve estar desnutrida", "daqui a pouco essa menina está botando você no bolso", "se você acha que tá difícil agora, espera chegar a adolescência"...

O peso da opinião alheia

Olhando de fora, pode até parecer engraçado, mas não para os pais. Segundo pesquisa publicada na revista norte-americana *Time*, 30% dos *millennials* (pessoas nascidas entre as décadas de 1980 e 1990) se preocupam com o julgamento dos outros pais sobre a alimentação dos seus filhos. É quase o dobro da geração passada (17%) e o triplo da anterior (10%).

A pesquisa não fala sobre as causas para o aumento do desconforto em relação aos palpites, mas podemos supor aqui que os *millennials*, que de modo geral cresceram comendo o *petit suisse* "que vale por um bifinho" e outras coisas nada saudáveis, perceberam os danos disso e, hoje, se preocupam mais com o que dão para seus filhos.

A mudança de mentalidade no quesito alimentação foi acompanhada de outras transformações no modo de criar os filhos. Hoje já se sabe da importância de uma educação mais participativa, sem palmadas nem autoritarismo, e tudo isso se choca com o que é tido como "normal" pelo senso comum.

Firmeza de propósitos

Afinal, como agir diante de opiniões não solicitadas e muitas vezes até grosseiras? Em primeiro lugar, tendo clareza de seus princípios, do que é importante para sua família, sem se deixar influenciar pelo que os "especialistas da vida alheia" dizem.

Mesmo quando há pessoas que ajudam a criar a criança (parentes, padrinhos, babá), é possível dizer, com firmeza e tranquilidade, algo como "agradeço demais pela sua ajuda, mas eu sou a mãe e vai ser do meu jeito" quando a intromissão for excessiva.

Educar tem receita?

Criar filhos não é uma ciência exata. Na maioria dos casos não existe certo nem errado, mas o que funciona melhor em cada contexto. Além disso, aquilo que resolveu todos os problemas da prima da sua vizinha pode não funcionar para você (na verdade, é mais provável que não funcione), independentemente de ela ter compartilhado sua experiência com a melhor das intenções.

Se bater uma insegurança diante da crítica externa, reflita se pode mesmo haver algum problema com seu filho ou se é só uma necessidade de agradar os outros. Se seu filho está crescendo, se desenvolvendo saudavelmente, é feliz e seguro, não há com o que se preocupar.

Caso tenha dúvidas sobre a conduta a seguir, procure um profissional competente (pediatra, fonoaudiólogo, psicólogo, KidCoach) ou alguém que você sabe que pode ajudá-la sem julgar sua forma de criar o pequeno.

Crianças e a síndrome do imperador

Ele tem tudo o que deseja, a tempo e a hora. Em casa, providenciam suas comidas preferidas, que são servidas com ornamentos e motivos delicados. Sua diversão é planejada em detalhes, para proporcionar a ele a maior satisfação possível. Tudo seu é especial, exclusivo, único, em geral marcado com seu nome, caso algum desavisado se atreva. Não, não estamos descrevendo a rotina de um membro da família real britânica, nem de uma grande celebridade. É assim que vivem algumas crianças na sociedade atual.

Expectativa x realidade

Os pais, com as melhores intenções, se esforçam para realizar os desejos do filho, evitam a todo custo suas frustrações e chegam a se anular, deixando de lado as próprias necessidades, pois acreditam que assim vão garantir o bem-estar do pequeno. Mas, infelizmente, muitas vezes não percebem que estão criando um "reizinho da casa", um "poderoso chefinho".

Esse tipo de atitude já vem sendo chamado de "síndrome do imperador", que, em vez de fortalecer a autoestima do filho como desejam os pais, pode gerar o efeito contrário. Quando as preferências e os desejos da criança se tornam mais importantes que os dos demais membros da família – e, em casos extremos, ela passa a definir o cardápio, para onde serão os passeios e a que programa de TV todos devem assistir –, essa criança sai do papel de ser cuidada e protegida, e ganha responsabilidades para as quais ainda não tem preparo. Dessa forma, se torna uma espécie de administradora da casa, o que a deixa sobrecarregada mental e psiquicamente.

De um extremo a outro

A "síndrome do imperador" comumente ocorre quando os pais tiveram uma educação muito rígida na infância, o que lhes trouxe dor e traumas. Ao se afastarem totalmente do que receberam dos próprios pais, têm o objetivo de não cometer os mesmos erros. No entanto, a tão criticada hierarquia não desaparece, mas é invertida: em vez de pai e mãe mandarem no filho, é este que se torna o "pequeno ditador" da família.

Com a falta de limites e de frustrações, já que todos os seus desejos são atendidos – inclusive aqueles que prejudicam a criança –, o desenvolvimento infantil é grandemente prejudicado. Externamente, o que se vê são atitudes de arrogância, rebeldia e prepotência. Mas, em seu íntimo, o pequeno se sente perdido, sem parâmetros que ainda não é capaz de definir, e inevitavelmente sofre com isso.

Reverter esse quadro não está nas mãos da criança – até porque lhe falta desenvolvimento cognitivo e emocional para isso –, mas dos adultos cuidadores.

Quando os pais recuperam a própria voz e assumem seu papel de autoridade (não de autoritarismo, o que é bem diferente) na família, por meio do diálogo verdadeiro, há um resgate da relação de afeto e se torna mais fácil reencontrar o caminho do meio – de aprendizado mútuo e respeito a si e aos demais.

As crianças de hoje não sabem esperar!

"Mãe, já chegou?"

"Não."

"E agora?"

"Não."

"Mas e agora??"

Essa cena é familiar na sua casa? De acordo com estudiosos, a geração alpha – formada por indivíduos nascidos a partir de 2010 – tem o imediatismo e a ansiedade como seus maiores desafios. A ansiedade, considerada o "mal do século" entre os adultos, já atinge uma em cada oito crianças nos Estados Unidos (dados da Anxiety and Depression Association of America).

Essa geração tem, cada vez mais, suas necessidades atendidas "sob demanda": desenhos animados no serviço de *streaming*, jogos *on-line*, comida pedida em aplicativos. Isso gera uma urgência desmedida e, consequentemente, uma angústia nos pequenos cérebros em desenvolvimento.

Eu primeiro!

Até determinada idade, é normal certo autocentramento. Isso faz parte do desenvolvimento normal do indivíduo, e acontece porque as crianças ainda não conseguem perceber as necessidades alheias. No entanto, desde a primeira infância é possível começar a ensinar sobre a importância de esperar. Do contrário, sua capacidade de se frustrar no futuro pode ser limitada.

De acordo com o pediatra e psicanalista D. W. Winnicott, para criar um ambiente suficientemente bom para a criança – ou seja, aquele que vai propiciar seu desenvolvimento saudável –, os pais devem deixar que ela experimente a frustração, na forma de negativas e do adiamento do objeto de desejo, sempre que assim considerarem necessário. Importante: esse aprendizado só se dá de maneira plena quando a criança é acolhida em sua frustração pelo adulto cuidador.

Sempre ouvimos que as crianças de antigamente não eram assim, que tinham paciência. Contudo, não se fala que "aprendiam" a esperar na marra, pois não tinham voz nem vez. Hoje, dadas as condições da sociedade, é natural que a criança se mostre impaciente em alguns momentos, mas a quantidade de vezes que esse comportamento aparece e sua intensidade devem ser observadas.

Se o pequeno não consegue esperar nem um minuto para qualquer coisa que queira, e se reage a isso com descontrole emocional, machucando a si ou a outros – a famosa birra –, é hora de ligar o sinal de alerta.

Quando têm todos os seus desejos atendidos, as crianças podem achar que, por exemplo, o leite vem do supermercado, ou que as roupas saem do cesto sozinhas e aparecem limpas, secas e dobradas dentro do armário. Aqui, os pais podem auxiliar explicando que para quase tudo há processos, com uma ordem a ser seguida, para obtermos o que desejamos. Se os pequenos puderem participar desses processos, melhor ainda.

Quando a criança é pequena, ainda não tem noção de tempo. Mesmo assim é possível explicar que, por exemplo: até a mamãe chegar do trabalho, o filho vai brincar, almoçar, tomar banho e dormir; ou que, quando o ponteiro grande chegar no 12, é hora de ir para a aula de natação.

Desenvolver a habilidade da paciência é importante para toda a vida, afinal, na idade adulta, há inúmeras esperas necessárias: a espera pelo nascimento de um filho, por uma promoção no trabalho, pelo resultado de um exame importante.

Treinar o cérebro para isso desde a infância reduz a ansiedade, ampliando a resiliência e, consequentemente, seu sentimento de contentamento diante do mundo.

Cinco perguntas de criança e como respondê-las

"Marcelo vivia fazendo perguntas a todo mundo:

— Papai, por que é que a chuva cai?

— Mamãe, por que é que o mar não derrama?

— Vovó, por que é que o cachorro tem quatro pernas?

As pessoas grandes às vezes respondiam.

Às vezes, não sabiam como responder."

Esse é o início de *Marcelo, marmelo, martelo*, clássico de Ruth Rocha publicado pela primeira vez em 1976. Como qualquer pessoa que tem filhos sabe, as gerações passam, mas em qualquer tempo as crianças fazem muitas perguntas – o que pode ser constrangedor e até exaustivo para os adultos.

Em 2013, o site *Littlewoods*[*], do Reino Unido, fez uma pesquisa entre mães de crianças de 2 a 10 anos, e a conclusão foi de que os pequenos fazem, em média, 300 perguntas por dia. Algumas questões são fáceis, como "onde está meu carrinho?", mas outras deixam os pais, como no livro de Ruth Rocha, sem saber o que dizer.

Pensando nisso, fizemos uma lista dos tipos de perguntas mais comuns entre as crianças e como mães e pais podem respondê-las. Confira:

Funcionamento do corpo humano e sexualidade

Exemplos: "como nascem os bebês?", "por que meninas não têm pipi?"

---

[*] "Mothers asked nearly 300 questions a day, study finds". Disponível em: https://www.telegraph.co.uk/news/uknews/9959026/Mothers-asked-nearly-300-questions-a-day-study-finds.html

Perguntas relacionadas à natureza

Exemplos: "como chove?", "do que é feita a estrela?"

Funcionamento dos objetos do dia a dia

Exemplos: "as pessoas moram dentro da televisão?", "como todas aquelas coisas ficam guardadas no canivete?"

Questões sociais

Exemplos: "por que tem gente sem casa?", "por que algumas pessoas têm muito dinheiro e outras passam fome?"

Questões existenciais

Exemplos: "por que eu existo?", "o que acontece depois da morte?"

Não vamos aqui dar uma "receita de bolo" sobre como responder às perguntas de seus filhos – porque não acreditamos nisso e também porque cada família sabe das necessidades de suas crianças, tomando por base seus valores e crenças. Vamos, no entanto, jogar luz sobre alguns aspectos que consideramos importantes ao ouvir o famoso "por quê" infantil.

Em primeiro lugar, é indicado sempre responder. Fingir que não escutou, apelar para o "depois a gente conversa…" ou simplesmente dizer "isso não é assunto de criança" veta o desenvolvimento intelectual da criança e não é nada efetivo. A criança, provavelmente, não vai esquecer do assunto e buscará resolver sua curiosidade de outra forma (amigos, internet), que não necessariamente vai ser confiável nem dará informações corretas.

Em especial na era das *fake news* em que vivemos, não vale a pena terceirizar as perguntas do seu filho e correr esse risco. Além disso, quando os pais se mostram dispostos a acolher as questões das crianças, isso fortalece o vínculo de confiança, o que vai ser fundamental na adolescência, fase na qual, em geral, os filhos se afastam dos adultos de referência.

Como responder?

Para facilitar o entendimento de conceitos abstratos, como ciência e filosofia, dê preferência a palavras conhecidas e metáforas. Mesmo que você fique superempolgado em falar sobre assuntos dos quais também gosta, pode se ater ao que foi perguntado.

Quando a criança questiona como um ímã atrai outro, por exemplo, você não precisa dar uma aula de eletromagnética avançada, sob o risco de o pequeno achar o assunto chato e perder o interesse.

Fale sempre a verdade. Quando mentimos ou inventamos uma resposta, mesmo sobre um tema que a criança desconhece, ela percebe que há algo errado. Quando se trata de assuntos espinhosos, como morte e sexo, é comum os adultos transferirem para a criança uma dificuldade que, na verdade, é deles. Mostre-se disponível para responder a outras dúvidas que surgirem, deixando o pequeno à vontade para buscar esse diálogo.

Quando você não souber a resposta, pode dizer isso com naturalidade. Seu filho não vai pensar que você é tolo ou ignorante, mas sim que é honesto. Você pode propor a ele fazerem pesquisas juntos, em livros ou em sites confiáveis da internet, ou ainda telefonar para algum conhecido que entenda do assunto.

Outra opção é perguntar a ele "o que você acha?". Assim, vocês podem construir hipóteses e testá-las. Isso vai estimular ainda mais o espírito científico natural da criança.

OS PAIS
CONSIGO
MESMOS

Voltar ao trabalho após o parto: escolha ou necessidade?

O bebê nasceu e você passou meses na função exclusiva de conhecer aquele pequeno ser, alimentando-o e embalando-o, ao mesmo tempo que se reconectava com seu novo ser-mãe. Foi exaustivo, foi incrível, foi maravilhoso e insano. Agora é hora de dar o passo seguinte: voltar ao trabalho. Como?

Numa pesquisa feita em 2016 que deu origem ao artigo "Maternidade e trabalho: associação entre depressão pós-parto, apoio social e satisfação conjugal", 83% das mulheres entrevistadas relatam preocupação com a expectativa de retorno ao mercado após ter filhos. O motivo mais citado por elas, com 47% de prevalência, foi o receio da perda do vínculo com o bebê.

Consideramos fundamental que essa mulher saia do "piloto automático" ao fim da licença-maternidade e se dê um tempo para refletir verdadeiramente sobre o que será melhor para seu desenvolvimento profissional e pessoal.

A principal pergunta a se fazer é a seguinte: "Onde eu quero estar?" Se você é realizada em sua carreira e quer voltar ao emprego, não se culpe. Se há o desejo de sair do mercado de trabalho, pelo menos o formal, essa pode ser a hora de encontrar satisfação de outra forma – seja como mãe em tempo integral ou tirando do papel os sonhos engavetados.

Caso a mãe decida que vai enveredar por outro caminho profissional, é preciso planejamento. É o momento de negociar com o companheiro e com a própria conta bancária. A rede de apoio também é fundamental – lembrando que pai não é rede de apoio, rede de apoio é quem ajuda. E pai não ajuda, pai cria junto com a mãe.

Alguns dados do mercado de trabalho para mães

Segundo pesquisa divulgada em 2017 pela consultoria Robert Half com 1.775 diretores de recursos humanos de 13 países, sendo 100 brasileiros, em 85% das empresas em nosso país menos da metade das funcionárias retorna à vida profissional após o nascimento de seus filhos. A taxa é bem mais alta que a média global.

Outra pesquisa realizada pela agência de vagas Catho, também de 2017, constatou que as mães brasileiras se sentem mais impelidas a sair do mercado em relação aos pais. Entre 13.161 profissionais entrevistados, 28% das mulheres e 5% dos homens abandonaram a vida profissional depois do nascimento dos filhos. Elas também demoraram mais a retomar a atividade profissional: 21% das mulheres levaram mais de três anos para voltar ao mercado de trabalho. Já entre homens, a porcentagem se limitou a 2%.

Um estudo publicado em 2017 na *American Sociological Review* e na *Harvard Business Review* comprovou que as mulheres são desmerecidas em processos de recrutamento pela possibilidade de serem mães, mesmo que essa possibilidade nem esteja em seus planos. A partir de dois currículos fictícios enviados a 316 escritórios de Direito dos Estados Unidos, os pesquisadores constataram que os homens têm três vezes mais chances de serem recrutados do que as mulheres.

A síndrome da péssima mãe

Recentemente, uma imagem do que seria o cérebro de uma mãe rodou as redes sociais. Ao lado da figura, diversas frases representavam os pensamentos maternos.

- "É minha culpa?"

- "Devíamos organizar uma festa."

- "Quanto isso custa?"

- "Precisamos de uma noite romântica."

- "Estou fazendo a coisa certa?"

- "Eu deveria praticar o autocuidado."

- "Isso é bom para o desenvolvimento?"

- "Férias em família criam memórias."

- "Estou sendo justa?"

- "Preciso de tempo para mim mesma."

- "Como posso lidar com isso?"

- "Atividades extracurriculares são boas para as crianças."

- "Estou cometendo um erro?"

- "Preciso de um *hobby* só meu."

- "Estou fazendo o suficiente?"

- "Sinto falta dos meus amigos."

- "Como posso fazer melhor?"

- "Preciso dormir."

- "Por que eles crescem tão rápido?"

- "Filhos custam caro."

Essa imagem foi compartilhada incessantemente nos grupos de mães mundo afora, confirmando o que toda mulher que tem filhos sabe: seu cérebro não para. E um detalhe: em meio a tantas cobranças – internas e externas – não sobra tempo para pensar no que aconteceu de bom, em todas as suas conquistas, na mulher incrível que ela é. Esse sentimento de constante inadequação já tem até nome: síndrome da péssima mãe.

As mulheres-mães da sociedade atual se sentem pressionadas a dar conta das necessidades dos filhos, do companheiro e de si próprias, sem esquecer que precisam se manter atléticas, bem-informadas, felizes, plenas. Um objetivo digno da trilogia "Missão: impossível", mas sem os efeitos especiais de Hollywood.

O resultado é, invariavelmente, frustrante. Essa decepção consigo mesma carrega culpa – por não sentir o amor incondicional que ela ouviu que sentiria, por em alguns dias estar tão cansada que não consegue aproveitar os momentos com as pessoas mais importantes para si, por às vezes ter raiva dos filhos.

Quando sentir culpa fizer alguém ser uma mãe melhor, seremos as primeiras a torcer pela culpa. No entanto, o que vemos é que a mulher perde tempo alimentando a culpa por não ser a mãe perfeita, e isso a afasta cada vez mais da melhor mãe que pode ser. Ao contrário do que diz o senso comum, o instinto materno não existe, a conexão mãe-filho não é óbvia. Ao contrário, é uma relação que se desenvolve com o tempo, desde que a mulher tenha tranquilidade para se dedicar ao filho.

O pediatra e psicanalista D. W. Winnicott postulou o conceito da mãe suficientemente boa, que vai na contramão dessa concepção idealizada da maternidade.

O ser humano é imperfeito, e espera-se que seja imperfeito na criação dos filhos. Esse ser humano imperfeito é incapaz de realizar todos os desejos da sua criança ou de cumprir os ideais de mãe que são impostos socialmente. Ter essa clareza fará com que se constitua uma personalidade da criança mais ajustada, com capacidade de lidar com as frustrações do mundo.

O fato de a criança se frustrar com alguém que a ama (a mãe, no caso) dá a ela condições de entender que a frustração não é obrigatoriamente destrutiva, o que a prepara para o mundo. E compreender isso é libertador.

Início das aulas e adaptação materna

Chegou o primeiro dia de aula da vida do seu filho. Um misto de emoção e angústia povoa seu coração de mãe. A possibilidade – até então inédita – de almoçar com calma, com direito a um café quente depois, disputa espaço com a bigorna na cabeça em que está escrito, em letras vermelhas, "ninguém cuida dele como eu".

Essa insegurança é normal, especialmente quando se trata de um bebê que ainda não fala nem anda. Mas dependendo de sua intensidade, essa preocupação pode ser prejudicial tanto para a criança quanto para a mãe.

De quem é mesmo essa dor?

Muitas vezes a mãe projeta, inconscientemente, as dificuldades da própria história – as situações em que se sentiu abandonada, insegura – na vida do filho. Numa situação dessas, há uma probabilidade maior de a criança se mostrar ansiosa na escola.

Para auxiliar o pequeno a passar por esse momento tão marcante da melhor forma possível, o ideal é que a mãe possa equacionar seus próprios traumas, se libertando de suas angústias infantis. Assim ela poderá lidar de maneira mais madura com as angústias de seu filho, que podem ser diferentes das suas, ou até nem existirem.

Fusão mãe-filho

Com a maternidade, a vida da mulher-mãe se funde psiquicamente à do filho durante a gestação e os primeiros meses de vida do bebê. No entanto, aos poucos, é saudável e necessário que haja uma cisão entre a identidade da mãe e a do filho. Quando essa cisão não é bem-sucedida, a mãe pode sentir o sofrimento da criança como se fosse seu, dando uma dimensão maior a situações corriqueiras.

Por exemplo, o pequeno é machucado por um coleguinha na escola. Nesse caso de fusão ainda intensa, a mãe pode entender isso como uma questão pessoal, um ataque cruel a seu filho. Quando isso acontece, fica bem mais difícil resolver a questão. É quando a mãe sente uma necessidade imensa de "proteger o filho do mundo" que a criança se torna mais indefesa, ao não poder assumir responsabilidade pela própria vida.

Claro que não estamos falando que um bebê vai argumentar com outro bebê na creche sobre uma mordida ou tapa recebido, mas aos poucos é possível, sim, ir dando autonomia para a criança se defender do que a incomoda. Essa é uma das funções mais importantes da escola: para além da instrução formal, promover a socialização do indivíduo, aumentando sua independência.

Chuva de críticas

A insegurança da mãe também tem uma forte motivação social. Parece que o tempo todo tem alguém pronto a iniciar uma frase que invariavelmente começa com "mas você...": "mas você não devia trabalhar fora", "mas você tinha que dar mais atenção a seu filho, já que é dona de casa", "mas você vai deixar o menino na escola o dia todo?", "mas você só vai matricular ela na escola aos 3 anos?", e por aí vai.

Apesar de ser difícil, a mulher pode ser capaz de não se deixar afetar pela opinião alheia. Para ajudar a aumentar sua segurança interna, lembre-se de que você escolheu uma instituição escolar séria, na qual confia. Além disso, tenha clareza e segurança sobre sua relação com seu filho, e saiba que o mais importante não é passar o dia todo com o pequeno, mas dar a ele momentos de qualidade, com afeto e presença genuínos.

Como pode ser mais leve?

A situação está difícil? Confira algumas orientações para fazer da ida para a escola um rito de passagem mais leve:

1. A honestidade emocional é importante. Você não precisa fingir que está tudo bem. Admita que está triste, valide a tristeza do seu filho, mas com a certeza de que vocês vão passar por isso juntos. Até porque se você disser uma coisa e sua linguagem corporal disser o contrário, a criança vai perceber.

2. Faça combinados com seu filho e garanta que serão cumpridos (pela criança e por você). Não saia de fininho nem diga "vou ali e já volto" se você só vai buscar o pequeno dali a oito horas. Embora as crianças pequenas ainda não saibam ver horas, você pode explicar de um jeito que seu filho entenda. Por exemplo: "Você vai brincar no parquinho, depois vai almoçar, vai dormir, vai fazer atividades na sala, e venho te buscar depois do lanche."

3. Não use a escola como prêmio, tampouco como punição. Por exemplo: "Se você almoçar tudo, vai para a escola"; "Se você se comportar mal, te levo para a escola no fim de semana". Além de passar a mensagem errada sobre a função da escola, mesmo que a criança não almoce ela tem de ir à aula e, no fim de semana, o colégio não abre (ou seja, seu filho vai perceber logo que essas ameaças são mentira).

Desromantização da maternidade

"Mãe é mãe." Na prática, o que essa frase significa para a sociedade em geral? Que a maternidade traz em si uma sabedoria inata, um amor instantâneo e instintivo, além de doses de resiliência e paciência infinitas. Sendo assim, ter filhos é a melhor coisa que pode acontecer a toda e qualquer mulher, algo sem o qual sua existência não está completa.

Quem tem filhos sabe que a realidade está bem distante disso. Como, aliás, está distante de qualquer idealização e generalização. Da mesma forma que o filho real é tão diferente do filho idealizado – muito embora haja, sim, algo de divino em gestar, parir e cuidar de um ser por toda a vida.

Maternidade sem filtro

Infelizmente, falar sobre a maternidade de forma sincera e sem filtros (inclusive do Instagram) ainda é malvisto. Nos dias de hoje, quando uma mulher diz algo como "odeio ser mãe", é alvejada de críticas, pois as pessoas logo pressupõem que essa mulher não ama seu filho, o que seria uma falta irreparável.

A verdade é que todas as mães, em determinados momentos, sentem raiva de seus filhos, e algumas vezes até se sentem arrependidas da maternidade. Assim como em qualquer relação profunda e real, o binômio mãe-filho não fica imune aos sentimentos ditos "ruins".

A "mulher-maravilha"

Outro mito da maternidade é o da "mãe guerreira": aquela que dá conta dos filhos sozinha, trabalha o dia todo e depois ainda deixa a casa brilhando, sempre com um sorriso no rosto. Coisa de filme mesmo.

Parece que quanto mais difícil é a situação, mais digna de aplausos essa mulher é. No entanto, essa romantização esconde uma mulher sobrecarregada, exausta e que lida solitariamente com responsabilidades que não são só suas, mas igualitariamente do pai das crianças.

Por tudo isso, muitas mulheres experienciam uma maternidade sofrida, mas não se sentem no direito sequer de expor suas dores, como se reclamar fosse um atestado de péssima mãe. Afinal, "quem pariu Mateus que o embale", que "esse menino não pediu para nascer", como dizem por aí.

Quando cansam de se reprimir e por fim desabam, sempre tem alguém para criticar, porque afinal é preciso parecer sempre forte na frente dos filhos – como se eles não percebessem os sentimentos maternos.

No entanto, falar das dificuldades, do cansaço e da tristeza inerentes a ser mãe é legítimo, apesar dos tabus e das críticas (internas e alheias). Verbalizar suas dores é terapêutico – e não necessariamente na terapia, mas da forma que desejar, seja conversando com os amigos ou escrevendo um diário.

Desromantizar para conscientizar

Crescemos ouvindo que "se esperar demais, depois pode não conseguir mais ser mãe", sob pena de se arrepender, mas raramente se fala da maternidade quase compulsória (resultado da pressão social, do homem que se recusa a usar preservativo ou do sistema de saúde que dificulta ao máximo a cirurgia de laqueadura) e que também pode gerar arrependimento.

Mesmo quando a mulher tem certeza de que quer ter filhos, ser responsável por um ser humano por toda a vida é uma tarefa intensa, nada semelhante a "padecer no paraíso". Quando a mulher tem uma ideia irreal da maternidade, essa tarefa certamente se torna bem mais difícil quando sai do plano das ideias para a vida real.

Assim, desromantizar a maternidade é importante – mais que isso, fundamental – para que cada vez mais mulheres possam fazer uma escolha consciente para seu próprio futuro e serem verdadeiramente cuidadoras conscientes, saudáveis e congruentes para seus filhos.

Casamento em crise pós-filhos, o que fazer?

A chegada dos filhos traz a renovação da vida, muita alegria e comemoração. Mas também, invariavelmente, traz muitas mudanças no relacionamento dos pais: as noites insones, os cuidados e a preocupação com os pequenos, a falta de tempo e de dinheiro – que agora vão quase integralmente para as crianças – podem causar danos permanentes no vínculo do casal caso a compreensão não seja mútua.

A crise no casamento pós-filhos, apesar de ainda ser um tabu, vem sendo muito estudada nos últimos anos, e já ganhou até nome: *baby clash*. Um estudo feito pela Dra. Esther Kluwer, psicóloga dos Países Baixos, chegou à conclusão de que dois terços dos casais se sentiam menos satisfeitos e felizes até o primeiro filho completar 3 anos de idade, em relação à vida antes de serem pais.

Outra pesquisa, feita com 2 mil mães e pais dos Estados Unidos e Reino Unido, revela que um terço dos relacionamentos sofre sérios problemas nos meses após o nascimento do bebê, e que um quinto dos casais se separa durante o primeiro ano. Entre as causas apontadas, as mais comuns são: dificuldades de comunicação, falta de momentos de intimidade do casal, insegurança em relação ao corpo (para as mulheres) e percepção de se sentir ignorado em detrimento do filho (para os homens).

Papéis irreconciliáveis?

Entre as mulheres, frequentemente a frase mais ouvida é: "Ser uma boa mãe me impede de ser boa esposa." Esse pensamento traz em si uma cobrança comum (mas definitivamente não eficaz) de que a mulher é a responsável por manter tudo em equilíbrio: filhos saudáveis e bem-educados, casa impecável, marido atendido em suas necessidades – inclusive sexuais –, trabalho em dia...

Essa "síndrome de Alceste" – em referência à personagem da mitologia grega que se sacrifica pelo marido, chegando a se colocar no lugar dele na hora da morte – não é benéfica para ninguém: nem para o marido, que tem toda a condição de ser tão responsável quanto a esposa pelo bem-estar da família, tampouco para os filhos, que crescem com um modelo de desigualdade e obsoletos padrões, menos ainda para a mulher, que não raro entra em um ciclo infinito de exaustão e culpa.

Evitar que os desentendimentos cotidianos após a chegada dos filhos se transformem em um problema estrutural, que atravessa os anos, não é uma tarefa fácil, mas certamente possível. Em primeiro lugar, o casal precisa avaliar se ainda existe o desejo genuíno de continuar junto.

Depois, é indicado que ambas as partes avaliem seu papel no casamento, em relação aos filhos e à família de modo geral. Fazer a si mesmo algumas perguntas pode ajudar, por exemplo:

- "Eu me esforço ao máximo por esse projeto de família?";
- "Tem algo que preciso dizer a meu companheiro/minha companheira para que nossa relação melhore?";
- "O que posso fazer, que só dependa de mim, para tornar meu cotidiano mais harmonioso?".

Depois de meses ou até anos com a atenção totalmente concentrada nas demandas infantis, é necessário que os pais façam um movimento de trazer o foco para si próprios, dando prioridade ao autocuidado, olhando com carinho para o próprio corpo, os próprios sentimentos, seus desejos e necessidades não atendidos após a chegada dos filhos.

A parentalidade não pressupõe uma vida de sacrifícios, mas uma vida de divisão de papéis, companheirismo e compreensão mútua, de modo a todos terem espaço para si nessa família.

"Antigamente era mais fácil ser mãe!" Será?

Em meio às dificuldades presentes na criação dos filhos na sociedade atual – rotina corrida, concorrência com os eletrônicos, birras –, é comum que as mães pensem: "Antigamente era mais fácil! Minha avó teve oito filhos e tenho certeza de que nunca passou pelas situações que eu passo hoje!"

É certo que sua avó nunca passou pela temível birra no shopping nem pela dificuldade de fazer a criança sentar à mesa sem o celular a tiracolo – mas também naquela época não existia shopping, muito menos celular.

De toda maneira, não é por isso que podemos afirmar de modo categórico que no passado criar filhos exigia menos esforços das mães. Podemos dizer que antigamente era diferente, e só.

Para começar, nas gerações passadas a infância como um todo era bem diversa da que vemos hoje. Como as mulheres não estavam no mercado de trabalho, era comum que as crianças só fossem para a escola aos 7 anos, para serem alfabetizadas. A primeira infância era passada basicamente em casa, e o máximo de contato externo que uma criança tinha era com os vizinhos, com quem brincava na rua.

Não havia canais só de desenhos animados com propaganda voltada ao público infantil. Não havia *digital influencers* fazendo *unboxing* de brinquedos caros. Por outro lado, se um pequeno manifestava sua opinião sobre o cardápio do almoço ou discordava da educação rígida dada pelos pais, provavelmente era silenciado, seguindo a máxima de que "criança não tem querer". O parâmetro de "bom filho" era a obediência, e qualquer questionamento era visto como um caso grave de indisciplina.

As famílias eram numerosas, e os filhos mais velhos – especialmente do sexo feminino – naturalmente ajudavam a cuidar dos mais novos, de modo que meninas de 10 anos eram vistas praticamente como adultas, com responsabilidades que – sabemos hoje – não são razoáveis para indivíduos dessa idade.

Checklist da maternidade

Parece que hoje em dia, para ser boa mãe, há um monte de regras: é preciso fazer introdução alimentar com BLW, levar a criança para brincar na natureza todos os dias. Ah, e o quarto tem que ser todo de madeira, ecologicamente correto – nada de plástico (dos móveis aos brinquedos). No prato, todo dia cinco cores, só de alimentos orgânicos.

Para além disso, a mulher-mãe precisa ser boa profissional, fazer ginástica regularmente e ainda estar sempre maquiada e "apresentável". Se falta qualquer um desses quesitos, já sabe: ela não passou no teste, não é boa mãe.

Parece que por mais que uma mãe se esforce para dar *check* em todos os itens da suposta "maternidade perfeita", sua mente só registra o que não foi feito. Ex.: o almoço era saudável, mas a comida não estava fresca; você proporcionou a seu filho um tempo de qualidade, mas não foi na natureza, e sim no *play* do prédio.

É importante termos parâmetros do que é bom e saudável, de acordo com as últimas descobertas da ciência. E hoje, mais do que nunca, temos à disposição toda sorte de informação de qualidade. Acontece que qualquer coisa que é vista pela mãe como regra, como sacrifício, não vai dar certo nem vai ser positivo – tanto para si quanto para os filhos.

Pensar que só é possível ser uma boa mãe se tiver completado uma lista infinita todos os dias escraviza a relação dessa mulher com as crianças, gerando culpa desnecessariamente.

Diante de tudo isso, fazemos uma provocação: ficar pensando em como era a vida das mães no tempo da sua avó vai ajudar de alguma forma a resolver seus problemas hoje? O que você pode fazer hoje, agora, para ter uma maternidade mais tranquila, sem culpas nem nostalgia por um tempo que não volta mais – e que certamente não era perfeito como gostaríamos de acreditar?

"Sou a pior mãe do mundo"

Eu desejei tanto ter filhos, acreditei que quando isso aconteces-se minha vida estaria completa, mas agora me vejo fazendo coisas que não acredito, estou sempre cansada e estressada, sempre no limite. Me sinto a pior mãe do mundo."

Fazendo uma rápida pesquisa em fóruns sobre maternidade, é possível ver muitas mensagens como essa. A necessidade de ser uma mãe perfeita e, ao mesmo tempo, o sentimento de estar sempre falhando é familiar para um grande número de mães.

Essa sensação de insuficiência e incompetência vem se tornando ainda mais intensa nos últimos anos, com o advento das redes sociais. Na vida *on-line*, parece que todas as mães que você conhece são mais pacientes, inventam brincadeiras mais criativas, são mais bonitas e bem-sucedidas que você.

Essa comparação constante se revela uma grande perda de tempo. Ao ver todas as supostas supermães do seu *feed* (que por trás das *selfies* são tão humanas quanto quaisquer outras), nenhuma mulher passa a ter mais paciência ou criatividade. Mas, ao contrário, é provável que se sinta ainda mais frustrada.

O que diz a ciência

Há mais de 50 anos, o pediatra e psicanalista inglês D. W. Winnicott já abordava esse tema. De acordo com Winnicott, a melhor mãe é aquela que não atende a todas as necessidades da criança, que eventualmente falha. Ao agir assim, essa mãe, que o estudioso chamou de "suficientemente boa", está contribuindo para o crescimento do filho.

Na vida real, sabemos que levar esse conceito ao pé da letra é um pouco mais difícil. Aí vai um exemplo:

Os amiguinhos têm brinquedos caros e seu filho reclama disso. No entanto, esse não é um valor da sua família. Para vocês, é mais importante investir em uma escola de qualidade. Você gostaria de ter dinheiro para a escola e os brinquedos, mas não tem. Então, não adianta ficar sofrendo diante da escolha necessária. O importante é que essa escolha seja feita baseada na sua agenda, não na agenda alheia.

Seu norte são seus valores, o que é importante para sua família. A ideia de que "se todo mundo faz, deve estar certo", ou de que "se ninguém faz, deve estar errado" só aumenta a falta de conexão consigo mesma, além de ser um grande gerador de frustração e culpa.

O medo dos traumas

O receio de que todo e qualquer deslize – um grito dado hoje, ou um momento de descontrole na semana passada – pode se transformar em um trauma para a vida toda é um fantasma que assombra as mães.

É quase certo que nossos filhos terão traumas; por sua vez, provavelmente, estarão relacionados aos cuidadores principais. No entanto, nunca saberemos o que pode ou não se transformar num trauma. O que se pode fazer então? Dar o seu melhor todos os dias (sabendo que o melhor de uns dias não é tão bom quanto em outros) e ensinar ao filho que errar é humano. Dessa forma ele vai aprender não só que você erra, mas que ele também pode errar.

Não tenho vontade de brincar com meus filhos

Muitas mães não sentem vontade de brincar com os filhos. Quando isso acontece, elas costumam relatar um sentimento de culpa. Afinal, existe algo de errado em não querer brincar com os filhos? E o que fazer quando isso acontece?

De acordo com Patricia Camargo, do site *Tempojunto*, o desconhecimento das brincadeiras, a falta de jeito para brincar, a falta de tempo e o desânimo para brincar nos momentos de folga estão entre os principais fatores pelos quais os pais não brincam com seus filhos.

Quem tem filhos sabe que é normal as crianças pedirem para brincar o tempo todo. Mas também é normal não ter disposição ou até vontade todas as vezes.

Existe uma ideia estabelecida socialmente de que as mulheres (as mães aí incluídas) têm que estar sempre disponíveis, em especial para o marido e os filhos. Esse estigma pode gerar uma culpa muito grande. Além do sofrimento que causa, a culpa paralisa, na medida em que prende a pessoa em um ciclo de autossabotagem e ainda a impede de analisar o que pode ser reorganizado na rotina – de modo a atender aos outros e também a si.

Para muitas pessoas, só é aceitável dizer não ao próprio filho quando é impossível realizar o pedido do pequeno (ex.: pegar uma estrela no céu). No entanto, se a mãe está em casa lendo um livro, parece injusto negar a brincadeira. Acontece que, ao colocar seus desejos e necessidades em primeiro lugar, a mãe pode contribuir muito para a constituição da criança, de modo a ajudá-la a entender o sentido de limite e de individualidade.

Quando a criança só brinca caso haja um adulto disponível, isso pode denotar que está muito dependente da relação com os cuidadores. A criança pode estar perto, sem a mãe necessariamente estar envolvida na brincadeira. E mesmo que você esteja presente, permita que a criança crie a própria brincadeira. Uma das funções do brincar para a criança é a estruturação da psique, e o protagonismo é importante nesse processo.

Algumas orientações precisas para as mães, confira:

- Substituir o padrão mental de "tenho que brincar com meu filho" pelo de "pode ser muito gostoso brincar". Ao se abrir para essa possibilidade, sua disposição tende a aumentar muito.

- Quando combinar que vai brincar com a criança, esteja presente de fato, sem celular nem ficar pensando em tudo o que está por fazer.

- Não é necessário ter uma meta de x minutos de brincadeira por dia, faça o que está a seu alcance (em termos de vontade e de possibilidade).

- Se você nunca tem vontade de brincar com seu filho, reflita sobre esse comportamento, que pode estar ligado às experiências de brincadeira na sua infância, e busque resolver isso internamente.

- Nem toda brincadeira tem que incluir um brinquedo. Fazer uma receita juntos, ler um livro, criar adivinhas, correr no parque, tudo isso pode ser brincadeira.

- Quando não souber do que brincar, lembre-se das atividades de que você mais gostava na sua infância e proponha alguma delas a seu filho. Essa reconexão com a própria infância costuma ser muito benéfica para os pais.

Pare agora e pense no que você pode alterar, inserir ou retirar da sua rotina, de modo a ter mais tempo para si e também para seu filho: seja fazer um novo acordo de divisão de tarefas com o pai da criança, seja definir um horário para parar de trabalhar, ou separar um tempo diário para brincar – não precisa ser muito, às vezes 15 minutos já fazem uma diferença enorme.

O luto da mulher que se torna mãe

Quando nasce um bebê, nasce uma mãe. Esse ditado famoso esconde uma parte importante: quando nasce uma mãe, morre uma mulher sem filhos.

Aquela mulher de antes, que ao longo de tantos anos teve um corpo, gostos e rotinas familiares – ainda que às vezes desagradáveis – de uma hora pra outra vai mudar. E aquela mulher de antes, não importa o que digam, não volta mais.

A nova mulher pode, depois de algum tempo, voltar a trabalhar, sair para tomar chope, viajar sozinha. Mas essa mulher, agora mãe, não é mais dona absoluta do seu tempo nem dos seus planos, não vai mais se dar ao luxo de tomar uma decisão importante pensando só em si mesma. Agora sempre vai existir outro ser em seus planos, mesmo quando ele já for adulto. E isso é muito.

Essa reviravolta, talvez por não ser falada abertamente (nas rodas de amigas, nos cursos preparatórios para a maternidade, nas conversas com as matriarcas da família), na maioria dos casos é totalmente inesperada.

Nesse momento, é comum surgirem sentimentos ambivalentes: apesar da felicidade de ter nos braços o que há de mais precioso no mundo, os amigos não ligam mais como antes e parece que as responsabilidades novas, somadas às antigas, se tornaram pratinhos impossíveis de equilibrar.

Quando isso acontece, a recém-mãe fica pensando que, para ninguém ter falado nada sobre esse sentimento de luto, ela deve ser a única a passar por isso. Ou ainda: que o que vem a seguir é pior, por isso ninguém teve coragem de contar a ela, e só lhe resta aceitar – "dói menos", dizem.

A alegria de deixar para trás a vida como ela era

A boa notícia é: essa grande mudança pode ser uma revolução, uma oportunidade única de se redescobrir, mais autêntica e empoderada do que nunca.

São os momentos de maior vulnerabilidade que propiciam as grandes oportunidades de crescimento. A mulher-mãe, nesse ponto, se assemelha a uma lagosta, que só pode crescer se deixar para trás a casca protetora da vida como ela era e esperar que outra nasça – maior e ainda mais forte.

Entrar nesse terreno desconhecido naturalmente gera angústia e exige coragem, como um rito de passagem para todas as mudanças que estão por vir nessa viagem ao mundo inédito – por vezes maravilhoso, em outras hostil – da maternidade.